I0815002

Pierre Senges,
l'invention érudite

Ouvrage publié avec le soutien du CERCC

Pierre Senges, l'invention érudite

Sous la direction d'Audrey Camus
et Laurent Demanze

PARIS
LETTRES MODERNES MINARD
2018

Classiques Garnier
La Revue des lettres modernes
6 rue de la Sorbonne
75005 Paris
patmarot@orange.fr

ISBN 978-2-406-07234-8
ISSN 0035-2136

SOMMAIRE

ABRÉVIATIONS

Ach	*Achab (séquelles)*, Paris, Verticales, 2015.
AP	*Les Aventures de Percival : un conte phylogénétique*, illustré par Nicolas de Crécy, Paris, Dis voir, 2009.
CG	*Les carnets de Gordon McGuffin*, avec les dessins de Nicolas de Crécy, Paris, Futuropolis, 2008.
EF	*Essais fragiles d'aplomb*, Paris, Verticales, « Minimales », 2002.
EM	*Environs et mesures*, Paris, Gallimard, « Le Cabinet des lettrés », 2011.
ES	*Études de silhouettes*, Paris, Verticales, 2010.
FL	*Fragments de Lichtenberg*, Paris, Verticales, 2008.
GP	*Géométrie dans la poussière*, avec les dessins de Patrice Killoffer, Paris, Verticales, 2004.
IH	*L'Idiot et les hommes de paroles*, Paris, Bayard, 2005.
PC	*Proxima du Centaure*, Carnières, Lansman, 2010.
RM	*La Réfutation majeure : version française, d'après Refutatio major, attribué à Antonio de Guevara (1480-1548)*, Paris, Verticales, 2004 ; Paris, Gallimard, « Folio », 2007.
RR	*Ruines-de-Rome*, Paris, Verticales, 2002 ; Points Seuil 2004.
SA	*Sort l'assassin, entre le spectre*, Paris, Verticales, 2006.
VM	*Veuves au maquillage*, Paris, Verticales, 2000 ; Points Seuil 2002.
ZF	*Zoophile contant fleurette*, Portiragnes, Cadex, 2012.

AVANT-PROPOS

La littérature actuelle n'est ni morte ni moribonde, rappelait Dominique Viart en 1998 en inaugurant la série *Écritures contemporaines*. Et cette analyse d'il y a près de vingt ans, force est de constater qu'elle est aujourd'hui encore plus pertinente, malgré les prédictions moroses ou les adieux à la littérature sans cesse répétés depuis quelques années. Par leur inventivité, et leur ingéniosité, les écrivains contemporains ne cessent de prouver la profonde vitalité de la littérature, et son urgente nécessité. C'est d'ailleurs ce que cette série a su montrer tout au long des volumes parus, en s'attachant tour à tour à des écrivains capitaux comme à des problématiques essentielles.

Mais d'hier à aujourd'hui, la place et la reconnaissance des écritures contemporaines ont connu de profondes métamorphoses au sein des discours critiques et des lieux de savoir. Naguère encore délaissée, et peu étudiée à l'Université, la littérature contemporaine est devenue en quelques années un territoire majeur pour les études critiques et les renouvellements méthodologiques. Il faut se réjouir d'un tel bouleversement, qui marque notamment la réussite de la série *Écritures contemporaines*, dont les propositions auront trouvé un bel écho dans les études et les essais parus depuis lors : les classifications proposées, les auteurs étudiés ou les problématiques déployées ont souvent été au centre des dialogues et des recherches universitaires.

La série a su ainsi dessiner le paysage critique et esthétique de l'époque contemporaine, en fédérant les études et en donnant une cohérence aux expériences d'écriture souvent trop isolées. Le temps est venu dès lors, puisque quinze années ont passé, de prendre acte des infléchissements récents des écritures d'aujourd'hui et de leurs études. C'est parce que la littérature contemporaine est désormais pleinement légitime dans les études universitaires qu'il est nécessaire d'ouvrir deux axes centraux : dresser d'une part l'histoire du contemporain, de son processus de légitimation, des phénomènes de classicisation et proposer une périodisation fine de l'époque contemporaine qui couvre désormais près de trente ans ; de l'autre, interroger les méthodes et les protocoles spécifiques à l'étude de la littérature présente, cerner les biais et les difficultés que rencontrent les chercheurs – œuvres en devenir, instabilité des valeurs, interférences avec le champ littéraire –. Il s'agira dans les volumes à venir de poursuivre l'entreprise de cartographie de la littérature d'aujourd'hui, mais aussi de réfléchir à nouveaux frais aux inflexions récentes des formes et des enjeux, aux jeunes écrivains édités depuis 2000, pour accompagner à travers études et essais les métamorphoses du champ littéraire et prolonger l'une des ambitions de cette série, depuis son premier volume : défricher la littérature présente, en se montrant attentif aux nouvelles écritures et aux questionnements inédits, qui viennent solliciter la curiosité et l'intérêt du chercheur. Et dans ce souci d'accompagner des œuvres émergentes, il faudra faire une place aux propos des écrivains eux-mêmes, car depuis que les manifestes ne sont plus de saison, c'est là aussi que s'élabore une parole réflexive et critique, outil indispensable aux chercheurs.

Laurent DEMANZE
Université Grenoble Alpes

INTRODUCTION

Dans les « leçons américaines » qu'il préparait pour l'Université Harvard, Italo Calvino esquissait les contours de la littérature à venir à travers les notions de légèreté, rapidité, exactitude, visibilité et multiplicité[1]. La dernière de ces conférences célèbre la forme de *l'encyclopédie ouverte*, qui relie selon Calvino les œuvres majeures du XXe siècle et dont il appelle la perpétuation de ses vœux. Sont notamment cités Joyce, Musil, Proust et Thomas Mann, mais aussi Gadda, Lichtenberg, Borges, ou encore le Flaubert de *Bouvard et Pécuchet*, en lesquels on reconnaît les lectures favorites de Pierre Senges.

Et s'il est un écrivain qui semble avoir entendu l'appel des *Leçons américaines*, c'est bien Pierre Senges. Son premier livre, en forme d'anatomie, exauce le souhait de son aîné au seuil du millénaire, en faisant de l'érudition un véritable conte de fées[2]. Au début *de Veuves au maquillage*, le commis aux écritures dans l'ombre duquel se tient le romancier explique ainsi que son métier « l'oblige à se fournir en documentations, en archives », avant d'évoquer sa prédilection pour « les *Œuvres Complètes* d'un chirurgien du roi datant du siècle des cautères, deux mille pages traitant d'anatomie, de bandages, de vérole, de monstres, d'enfant sans tête, de comète en forme d'épée, et de voyages[3] ». Ce nouveau livre des merveilles – dans lequel le lecteur perspicace aura reconnu l'ouvrage d'Ambroise Paré – donnera naissance à la fiction, en même temps qu'à l'œuvre de Pierre Senges qu'elle inaugure.

Depuis, en effet, les livres se sont multipliés, explorant chacun à son tour un territoire des savoirs – géographique (*La Réfutation majeure, Environs*

1 Italo Calvino, *Leçons américaines : aide-mémoire pour le prochain millénaire*, trad. par Yves Hersant, Paris, Gallimard, « Du monde entier », 1989. Calvino meurt avant d'avoir pu rédiger le texte consacré au sixième des traits qu'il avait identifiés, la « consistance ».

2 La comparaison est de Pierre Senges lui-même, voir Guénaël Boutouillet, « Pierre Senges, fragile et d'aplomb » (en ligne, dossier *Remue.net*, 2004). Sauf mention contraire, les citations de l'auteur qui suivent proviennent de la même source.

3 Pierre Senges, *Veuves au maquillage*, Paris, Verticales, 2000, p. 12.

et mesures…), botanique (*Ruines-de-Rome*), scientifique (*Essais fragiles d'aplomb…*) ou littéraire (*Sort l'assassin entre le spectre, Fragments de Lichtenberg, Études de silhouettes*) – pour constituer parcelle par parcelle une encyclopédie érudite et inventive. L'érudition, loin de constituer une clôture de l'attesté ou un emprisonnement dans les rets d'une réalité intangible, y apparaît au contraire comme une puissance de désordre, bouleversant les représentations et ébranlant les certitudes. L'œuvre de Pierre Senges s'inscrit par là dans cette littérature contemporaine qui, comme Nathalie Piégay-Gros l'a récemment rappelé, réarticule fortement les savoirs et la littérature, s'enfonce dans l'érudition mais pour y puiser une puissante sollicitation de l'imaginaire[4].

L'APPÉTIT DE SAVOIR

Cette sollicitation de l'imaginaire est particulièrement manifeste lorsque Pierre Senges évoque les écrivains qui ont façonné sa conception de la littérature, au premier rang desquels Flaubert et Borges, véritables figures tutélaires de l'œuvre.

La première de ces figures, la plus ancienne, est celle de Borges qui, nous dit Pierre Senges, introduit une rupture dans la culture classique : « il l'ouvre en deux comme on ouvre en deux le sanglier rôti [du festin de Trimalcion] pour en faire sortir toute une farce de cuisine de Rabelais », et par ce dévoiement, opère le changement de perspective radical qui permettra à la magie d'opérer et de donner jour aux petits condensés d'intelligence du maître argentin. Borges incarne donc cette *érudition comme conte de fées* dont Pierre Senges est lui-même l'héritier. Par là, il faut entendre sans doute l'émerveillement que recèle intrinsèquement le savoir comme vecteur de découverte et de connaissance, mais plus encore l'émerveillement que l'écrivain lui-même est susceptible d'y introduire en en faisant la matière de ses fictions, voire en les y interpolant : « […] chez Borges, les éléments de la culture la plus pointue ne sont plus prétexte à thèses, à gravité, à pédantisme, ni même à simple *disputatio*, mais s'assemblent comme des motifs de récit (comme on assemblerait une jouvencelle et un monstre pour créer le suspens). »

4 Nathalie Piégay-Gros, *L'Érudition imaginaire*, Genève, Droz, 2009.

La seconde figure tutélaire est celle de Flaubert, chez qui la *libido sciendi* est proprement insatiable. La mélancolie succédant à l'exaltation, Bouvard et Pécuchet retournent à leur copie après avoir écumé tous les champs de la connaissance ; le livre restera inachevé. Mais pour Pierre Senges analysant les ressorts de la cyclothymie flaubertienne, « l'appétit de savoir suivi du renoncement », loin d'être un échec, « nous fait passer d'une ignorance pusillanime à une ignorance magnanime ouverte sur le monde, à sa façon encyclopédique et fragile[5] ».

Ces commentaires sur l'œuvre d'autrui offrent une voie d'accès privilégiée à celle de Pierre Senges, dont les fictions, greffées sur les savoirs telles des « chimères mal abouchées » apparaissent comme autant d'aventures intellectuelles rocambolesques : l'érudition nous élève au rang d'honnête homme pour peu qu'elle échappe à la pédanterie, et, non contente de constituer le substrat de l'invention, fournit encore les péripéties de la fable.

Le renoncement symptomatique de la « crise de l'encyclopédiste » qu'analyse Pierre Senges dans l'œuvre de ses prédécesseurs revêt cependant une forme différente chez lui. Flaubert refuse de conclure et Borges fait tenir ses constructions gigantesques sur des confettis… dans un cas comme dans l'autre, on a affaire à un renoncement ultime, comme une baudruche qu'on dégonflerait. Senges, pour sa part, sait lire *L'Apocalypse* à rebours, et semble par le fait résoudre la crise de manière plus joyeuse, quoique la résolution participe d'une même ambivalence devant l'érudition. Hybridant la féérie borgésienne et la totalisation flaubertienne, et jouant l'une contre l'autre, c'est dans l'interstice que son œuvre s'élabore, différant son terme à chaque page sans jamais que ce renoncement intervienne comme une fin, mais plutôt comme une relance perpétuelle. Hypotexte et hypertexte n'ont de cesse de s'alimenter mutuellement, dans une pratique accueillante de l'érudition où le lecteur joue un rôle essentiel, et où l'autodidaxie apparaît comme le préalable au partage du festin.

5 Pierre Senges, « Entreprise et renoncement », in Anne Herschberg Pierrot, *Flaubert, l'empire de la bêtise*, Nantes, Éditions nouvelles Cécile Defaut, 2012, p. 117.

LES RUSES DE L'AUTODIDACTE

Car ce qui séduit notamment dans l'œuvre de Pierre Senges, c'est qu'au-delà des fantaisies verbales, de l'humour corrosif et du souci lucide d'illusionner le lecteur, se met en scène de façon privilégiée le statut de l'individu contemporain face aux savoirs. Dans cette folle hétérogénéité des savoirs convoqués et assemblés, il en faudrait peu pour que la tête se mette à tourner : physique de la chute des corps, nomenclature botanique, savoir anatomique, ethnologie, science philologique et toujours l'art délicat du commentaire. On songerait là à une réactualisation des modèles du polymathès ou de l'encyclopédiste, si les savoirs n'étaient pas convoqués à rebours, de façon oblique ou à l'envers.

Au fil de cette profusion de savoirs spécialisés, que Pierre Senges sollicite avec l'attention méticuleuse et déplacée d'un ahuri, se dessine en effet le portrait de l'individu contemporain en autodidacte. Telle était déjà la question posée autrefois par Flaubert dans *Bouvard et Pécuchet*, reprise bien plus tard par Sartre : quelle légitimité pour se saisir des savoirs quand l'on n'est pas savant, mais que l'on est seulement sollicité par la gourmandise de l'érudition et la curiosité de comprendre ? La réponse de Flaubert était mesurée et contrastée, se moquant des échecs de la démocratisation et de la vulgarisation des sciences, mais soulignant dans le même geste l'effet retour sur la légitimité des savoirs et la pertinence de l'inquiétude épistémologique suscitée par ses deux bonshommes. L'autodidacte a beau se tromper et faire erreur, l'individu démocratique a beau s'égarer face aux doctes discours, les interrogations soulevées, les contradictions mises au jour dans son processus d'apprentissage et d'appropriation des savoirs ouvrent les sciences au débat démocratique, en les instituant comme un lieu commun de renégociation collective.

Telles sont sans doute aussi la figure, les ruses et les pratiques de l'autodidacte chez Pierre Senges : les narrateurs ne professent pas un scepticisme trop facile envers les connaissances, mais comme les deux bonhommes flaubertiens croient à l'efficience des sciences, nourrissent un fétichisme de la chose lue, un enchantement devant la merveille scientifique. Ahuri sans doute, idiot peut-être, lucide également mais sûrement pas le cynisme de l'irrationnel ou le mépris aristocrate devant le désir de connaître.

Il y a en filigrane des livres de Pierre Senges quelque chose comme un manuel de l'autodidacte, pour éviter le ridicule cruellement souligné par Sartre de l'ordre alphabétique. Car lorsque les codes qui permettent de s'orienter dans le dédale de la connaissance font défaut : toute bibliothèque a des allures de labyrinthe, le moindre savoir suscite l'enchantement et l'hébétude, et la moindre ignorance le sentiment de culpabilité, surtout à notre époque où la bibliothèque de Babel est à portée de main. De ce manuel qui court de livre en livre, on peut égrener quelques préceptes salutaires : pratiquer l'hétérogénéité, et mêler comme Flaubert sut le faire le *De officiis* de Cicéron et le coït des paons, suscitant le plaisir du saugrenu et du loufoque ; retourner l'ahurisme en doctrine, et renverser les savoirs en mimant l'incompréhension : le meilleur moyen pour qu'autrui succombe à la bêtise de la docte supériorité ; pratiquer comme Borges ou Perec le savoir comme un piège pragmatique – une note fallacieuse ou un auteur apocryphe sont le meilleur moyen d'égarer les plus érudits, et d'égaliser démocratiquement les savoirs ; enfin, pratiquer une éthique de l'idiotie, qui considère le moindre savoir avec l'enchantement du Huron[6]. Surtout, l'autodidaxie bouleverse les légitimités, elle inquiète les détenteurs autorisés du savoir, promeut des pratiques alternatives du savoir et exige un usage intime de l'encyclopédisme : l'encyclopédisme est une manière d'être, un rythme existentiel, qui oscille entre désinvolture, gourmandise et hypocondrie, comme chez Lichtenberg :

> Lichtenberg est encyclopédique s'il consulte l'encyclopédie humblement (humilité d'éternel étudiant) et orgueilleusement (orgueil d'envahisseur barbare), s'il l'ouvre sans la railler à tout bout de champ (mais en prenant ses distances), s'il la parcourt comme un roman picaresque, s'il la déforme à l'usage – et surtout s'il se sent la force d'en rédiger une copie plus ou moins fidèle chaque jour que Dieu fait, chaque matin qui l'éveille [...]. (*FL*, 211)

6 Audrey Camus, « Une éthique de l'idiotie : l'œuvre de Pierre Senges », p. 169-179, in Marc Dambre et Richard J. Golsan (dir.), *L'Exception et la France contemporaine : histoire, imaginaire, littérature*, Paris, Presses Sorbonne Nouvelle, 2010.

L'ÉCRIVAIN EMBUSQUÉ DANS LA BIBLIOTHÈQUE

À travers l'œuvre singulière de Pierre Senges, cette réflexion collective s'attache à analyser les rapports ainsi renouvelés de l'invention et de l'érudition, la première convoquant l'autre pour mieux la violenter par un déport ironique et des renversements burlesques. Alors qu'embusqué dans la bibliothèque, l'écrivain brouille les références, efface les écritures ou leur adjoint ses productions apocryphes, il s'agit notamment d'étudier ces figures de l'intertextualité que sont le copiste, le faussaire ou l'imposteur ; d'examiner cette puissance d'enchantement que l'auteur sollicite dans les savoirs moins pour découvrir la vérité que pour la contester ; de s'interroger sur ces tournures baroques qui constituent un éloge lucide des apparences, non dénué de portée subversive.

L'exploration commence avec la contribution de Fabien Gris, qui propose une lecture de l'accueil bienveillant que l'œuvre réserve à l'erreur comme à l'échec, et s'intéresse à la manière dont « la leçon des idiots » met en cause notre rapport au savoir encyclopédique. Non contente d'opérer un changement de perspective, la contre-histoire qui s'écrit dans *Essais fragiles d'aplomb* ou *Environs et mesure* fait place aux minuscules pour mettre au jour une autre forme de sagesse à l'usage des êtres sublunaires que nous sommes. Entrer dans l'envers de l'histoire et renverser les perspectives, c'est ce que traquent les deux contributions suivantes, en décelant derrière la figure de l'auteur un faussaire ou un criminel. Aurélie Adler, tout d'abord, cherche à comprendre la fonction du motif récurrent du faux chez Senges, dans lequel elle voit le moyen d'instituer une forme d'autorité seconde. Le détournement du texte d'autrui opéré par « la voix polémique du faussaire » dans les *Fragments de Lichtenberg*, qui empêche le sens de se fixer, permet aussi à l'auteur de miner son propre discours, faisant de la bigarrure l'arme de la circonspection. Devant ces manœuvres de falsification, le lecteur se retrouve enjoint d'endosser le trench-coat de l'enquêteur, et Mathilde Barraband s'intéresse alors à la façon dont le texte sengien se dérobe à la résolution par l'exhibition d'une indicialité toujours déçue, qui refuse de faire récit et prend le contre-pied de l'érudition dont elle use. L'imagination et la créativité déployés par l'auteur comme par le lecteur dans le procédé sont pour Barraband la preuve que la relecture du passé peut être le lieu d'un recyclage dynamique.

La variation est l'une des principales modalités de ce recyclage, qu'Anne Roche étudie ensuite en musicienne. L'inventaire des diverses formes et fonctions que la variation revêt dans *Sort l'assassin entre le spectre* lui permet d'établir que celle-ci non seulement constitue une contrainte productive de premier ordre, mais produit en outre un effet libérateur. Une autre manière de procéder consiste pour l'écrivain à interpoler ses propres fictions à une œuvre étrangère, pour relancer la fabulation sans jamais refermer le texte. Ainsi du travail de destruction et de recomposition notamment mis en œuvre dans les *Fragments de Lichtenberg*, dans lequel Anne Sennhauser perçoit une « esthétique du miroitement narratif », où le goût du romanesque constitue le moyen privilégié de prévenir la clôture du sens. C'est peut-être dans la réappropriation par Senges du texte de Thomas More que le recyclage est le plus retors et le sens le plus labile, si l'on en croit la contribution suivante, consacrée à la relation ambiguë que les *Commentaires sur les chemins de ronde* entretiennent à *L'Utopie* dont ils figurent les *marginalia*. Audrey Camus y rend compte du dialogue ininterrompu que « l'œuvre-parergon » de Pierre Senges entretient avec ses prédécesseurs et dans lequel elle embarque le lecteur pour faire souffler dans la bibliothèque le vent de la curiosité.

Se penchant à son tour sur la réception problématique instituée par l'œuvre, Hugues Marchal interprète quant à lui la tension entre information et lacune qui la caractérise comme la manifestation d'une mélancolie du savoir où le manque devient le seul moyen d'échapper à la saturation et à l'épuisement. Un texte farci de connaissances comme *Les Aventures de Percival* malmène ainsi son lecteur parce qu'il déjoue l'érudition dans le même temps qu'il l'appelle, mais aussi parce que les modèles savants convoqués, qu'ils soient mathématiques, physiques ou biologiques, constituent autant de moyens de pervertir la logique narrative. L'œuvre de Pierre Senges s'écrit donc selon une logique de l'épuisement et de la variation, ce que montre à son tour Laurent Demanze à travers *Achab (séquelles)*. Il souligne combien ce roman qui s'écrit à la suite de Melville est le lieu d'une expérimentation du personnage, mais aussi une saisie de l'espace esthétique, de la littérature au cinéma, comme un vaste enchaînement de variations et de reprises. Emmanuel Bouju, qui examine lui aussi certains de ces modèles et la manière dont ils nourrissent la pratique d'un écrivain qui fait volontiers le singe, y voit pour sa part l'expression de la « consistance » de l'œuvre. Amorcée en dialogue avec Italo Calvino, c'est tout naturellement par un retour aux *Leçons américaines* que se clôt ainsi la réflexion collective, avec cette contribution rudérale donnant corps à la sixième de ces leçons, jamais écrite. Cohésion, cohérence, consistance et constance, telles seraient les vertus de l'écriture de Senges qui, à travers la relittéralisation du langage et le brouillage des frontières entre homme et animal, explore les possibles non advenus pour produire une « abduction créative du réel ».

Cette livraison de la série *Écritures Contemporaines* laisse ensuite la parole à l'auteur, dans un entretien où Pierre Senges évoque sa pratique suivi d'un extrait des *Commentaires sur les chemins de ronde.* Elle se referme enfin sur une postface dans laquelle Bruno Blanckeman s'attache à inscrire l'œuvre dans une histoire du roman érudit. C'est grâce à sa générosité intellectuelle que les premières lectures de l'œuvre de Pierre Senges ont pu être discutées à l'Université Paris III, avant d'être étoffées par d'autres contributions. Ce dernier mot, en guise de conclusion, fait donc écho au propos liminaire par lequel il a introduit le 16 novembre 2012 la journée d'étude à l'origine de ce volume.

UNE POÉTIQUE SOUS TENSION

Au-delà des propositions individuelles, que révèle cette lecture kaléidoscopique de l'œuvre ? D'abord sans doute que la sollicitation de l'imaginaire dont elle participe institue un rapport problématique et éminemment ambigu au savoir, mais aussi qu'un tel rapport ne prend tout son sens qu'à travers le travail littéraire.

Entre inquiétude et jubilation, l'exploration jamais achevée du champ de la connaissance est en effet inséparable chez Senges d'une exploration des ressources de la fiction et des procédés du récit qui alimente une poétique sous tension. L'appétit de savoir s'accompagnant de la mise en cause du savoir, l'œuvre apparaît tout entière tendue entre thésaurisation et dissémination, et entretient une relation à l'érudition fait d'admiration et d'irrévérence. Hospitalière et généreuse à maints égards, elle n'en est pas moins en lutte perpétuelle contre le réel, contre les codes, et contre le lecteur qui s'y plie. Le jeu sur les possibles narratifs et la manière de construire une histoire, tout comme le maniement de l'intertexte ou le travail de sape de l'auctorialité appellent en effet une réception active du lecteur dont l'encyclopédie se trouve de surcroît constamment convoquée, et mise à l'épreuve. Sous les traits de l'autodidacte, l'individu contemporain ainsi portraituré apparaît de la sorte comme un lecteur non seulement averti mais aussi affranchi de l'esprit de sérieux, que l'œuvre érudite et inventive de Pierre Senges engage dans une relation féconde tant au savoir qu'à la littérature.

Audrey CAMUS
et Laurent DEMANZE

« LA CHUTE ÉTAIT LEUR TRAJECTOIRE »

Erreurs et échecs chez Pierre Senges

Pour voisins et logiquement associés qu'ils soient, les termes d'erreur et d'échec ne sont pas strictement superposables. L'erreur appartient majoritairement au domaine intellectuel et spéculatif ; elle relève de la modalité aléthique : faire une erreur revient à manquer ou tordre la vérité, donner une mauvaise réponse à une question, tirer une mauvaise conclusion d'un raisonnement, une mauvaise interprétation d'un fait. L'échec – et sa variante la maladresse – relève davantage d'un acte concret, à savoir la faillite d'un geste ou d'un projet, quant à des effets initialement recherchés : il y est moins question d'un rapport à la vérité que d'un accomplissement ou d'un but manqués. Néanmoins, dans notre culture de la vérité, de la performance et de la réussite, ces mots sont liés – l'erreur intellectuelle précédant souvent voire causant l'échec dans la pratique – et portent communément une axiologie négative, due au constat d'un écart préjudiciable par rapport à la constitution d'une action et d'un savoir positifs.

Qu'en est-il de ces notions dans l'œuvre retorse de Pierre Senges, si attentive aux « éléphants dans un magasin de porcelaine » (*IH*, 22), qui choisit régulièrement pour objets les faillites d'ambitieuses entreprises, à l'image de la filmographie avortée de Gordon McGuffin ? Friande de contrepoints ironiques et d'érudition falsifiée, elle semble prendre un malin plaisir à retourner cette commune axiologie, à faire vaciller les fondements de la vérité et de la réussite, à envisager les « erreurs préférables aux vérités pondérées » (*RR*, 9). Deux textes brefs sont à cet égard révélateurs : *Essais fragiles d'aplomb* et *Environs et mesures*, deux œuvres qui, par rapport à nos catégories de représentations traditionnelles, pourraient être *a priori* considérées comme des répertoires d'erreurs et d'échecs, des inventaires de ratages, d'illusions et de naïvetés, d'aberrations intellectuelles ou techniques.

Publié en 2002 chez – ironie suprême – Verticales, *Essais fragiles d'aplomb* retrace, en onze chapitres et un préambule, une histoire des chutes et de ce que le narrateur nomme l'art pondéraire – à savoir l'épreuve de la précipitation, de la gravitation et du retour inéluctable au sol. Le livre retrace de nombreuses tentatives ratées d'envol – bref inventaire d'une généalogie d'échecs scientifiques et techniques, de projets avortés ou douloureusement – voire mortellement – conclus. *Essais fragiles d'aplomb* serait l'enfer de l'histoire de l'aviation, rappelant au souvenir du lecteur ces centaines de précurseurs malheureux, post-icariens, qui ont souhaité réaliser le plus vieux rêve de l'homme aux moyens de techniques plus ou moins extravagantes – mais qui ont tous connu au final le même résultat : le brutal rappel du sol.

S'il est question d'échecs dans les *Essais fragiles d'aplomb*, *Environs et mesures* s'intéresse davantage aux erreurs et aux illusions, telles qu'on les juge rétrospectivement aujourd'hui avec nos certitudes d'homme moderne dessillé. Le livre s'intéresse à des scientifiques, philologues, philosophes, géographes ou conquistadors, qui ont souhaité localiser, voire explorer, les lieux imaginaires : placer précisément sur les cartes du monde, avec latitude et longitude, Eldorado, Atlantide, île de Calypso, Paradis, Enfer, village de Don Quichotte, etc. *Environs et mesures* est, dans un certain sens, le double inversé de *La Réfutation majeure*, où Senges mettait en scène un Antonio de Guevara soucieux de « restaurer le blanc des cartes[1] » là où Christophe Colomb y dessinait l'Amérique. Parallèlement à cette erreur par gommage (ne pas voir l'Amérique quand on ne peut la manquer), *Environs et mesures* catalogue les erreurs par ajouts : situer le Paradis « entre Kurdistan et Baloutchistan ou Saint-Martin et Saint-Marcel » (*EM*, 27-28) alors qu'on serait bien en peine de l'y voir une fois sur place.

1 Audrey Camus, « Restaurer le blanc des cartes, ou comment Pierre Senges escamota l'Amérique », p. 247-265 in Rachel Bouvet, Hélène Guy et Éric Waddell (dir.), *La Carte : point de vue sur le monde*, Montréal, Mémoires d'encrier, 2008.

VIES MINUSCULES

Dans sa perspective la plus répandue, l'encyclopédisme est somme de savoirs positifs. Il se veut une vitrine des conquêtes intellectuelles et concrètes de l'humanité. L'échec et l'erreur n'en sont que marginalement la matière, car il vise davantage les triomphes de la connaissance humaine et leur panthéonisation. Certes, on estime parfois important de connaître et transmettre les erreurs et les tâtonnements scientifiques. Mais il s'agit *in fine* de retracer la marche lumineuse du progrès – échec et erreurs ne valant que comme étapes d'une propédeutique menant aux vérités positives. Le point de vue adopté par Pierre Senges, tenu rigoureusement d'un bout à l'autre de ces deux livres, constituerait déjà, sous cet aspect, un décalage remarquable par rapport au traditionnel statut positif des savoirs, en donnant entière place à l'erreur et à l'échec pour et en eux-mêmes, sans les ressaisir dans une perspective téléologique. Si l'encyclopédisme pose parfois problème quand il est excessif, incontrôlable ou qu'il tourne à vide, il est rare qu'il ait volontairement et exclusivement trait à une recension des faillites. Senges effectue dès cet instant un pas de côté par rapport à nos réflexes intellectuels.

D'autre part, l'attention portée aux échecs de la pré-aviation comme aux fantaisies de la géographie n'est pas sans évoquer, sur un mode burlesque et loufoque, ce goût de la littérature contemporaine pour les vies minuscules et muettes, en marge des généalogies connues, les orphelins de l'Histoire dont la mémoire est ravivée par le texte. Qui s'intéresserait à Émile Monge, Louise Purcell ou Jean de Mandeville si Senges ne rappelait pas leurs essais et leurs hypothèses ? Les *Essais fragiles d'aplomb* sont « l'occasion d'esquisser des vies brèves ou très brèves, des portraits de héros, de seconds rôles, de figurants alors au coude à coude avec d'impérieuses divas » (*EF*, 13). L'intitulé « vie brève » revient à chaque chapitre pour rappeler quelques-uns de ces pionniers malheureux ; il relève d'un réseau lexical caractéristique de cette récente littérature des oubliés, que le livre reprend sous un mode loufoque : « visages effacés » et « noms [...] disparus » (12), « orphelin » (83), « exhum[er] » (111), « réhabiliter » (124), etc. Mais la particularité vient ici du fait que les personnages convoqués ont vainement cherché à figurer dans les encyclopédies, ces répertoires de vies majuscules ; ce sont les échecs et erreurs commis qui les en ont écartés. Notre rapport au savoir goûte peu ceux qui errent et ne retient que la face lumineuse de la conquête humaine. Échouer ou tomber, c'est ainsi se condamner à tomber dans l'oubli. Il y a donc chez Senges une première réhabilitation des chuteurs, au nom d'une histoire excentrique, celle « discrète et brève – à vol d'oiseau – de l'art pondéraire » (94). Il s'agit d'« ébaucher dans les marges une Histoire des pionniers : qui s'attendrit sur les pannes, les errements » (13). Dans les à-côtés des recensions du progrès – exploration du ciel comme des terres inconnues –, Senges écrit une contre-histoire du cheminement de l'esprit humain, une « étud[e] orphelin[e] » (23) et « clandestine[2] ». Or cette clandestinité découle de l'invention d'un point de vue nouveau par rapport aux valeurs conférées communément aux savoirs : « tout exact, [mais] de dos[3] ».

GAIN DE L'ÉCHEC, JOIE DE L'ERREUR (1)
Physique et technologie

En effet, Pierre Senges reconsidère le sens même de ces ratés de l'histoire scientifique et intellectuelle. Sont-ce vraiment ou seulement des faillites ? En a-t-on bien compris la signification profonde ?

Le narrateur d'*Essais fragiles d'aplomb* fait lui-même erreur au sens strict dans sa lecture des faits, sans que le lecteur puisse déterminer s'il s'agit d'une interprétation pathologique, car paranoïaque, ou d'une erreur d'interprétation sciemment ourdie – un contresens volontaire et stratégique. De la modalité aléthique (portant sur la vérité du dit) l'on passe à la modalité véridictoire (pourtant sur la vérité du dire, de

2 Évoquant le saut en parachute d'une hauteur de cinq mètres [sic] de Ferdinand Ferber le 7 décembre 1901, le narrateur des *Essais fragiles d'aplomb* écrit : « Ce trépignement dérisoire est indigne de figurer dans l'histoire du vol, où il fait figure de régression (une telle chronique ne connaît que le progrès, sous l'égide du mieux) – en revanche, l'expérience s'inscrit plus facilement dans l'histoire chaotique, parce que clandestine, des chutes : le capitaine Ferber réinventant chez lui, avec ses propres moyens, l'émotion de la verticalité descendante. » (*EF*, 124-125).

3 Pierre Senges, « Tout exact, de dos », <http://remue.net/spip.php?article3154> [consulté le 23 janvier 2013].

l'énonciation). Au lieu de parler des échecs de l'histoire de l'aviation, il pratique un renversement qui vient prouver en actes la labilité et la plasticité des interprétations : tout comme les sœurs Tatin qui, en ratant leur tarte aux pommes, découvrent une nouvelle pâtisserie renversée et renversante, le narrateur fait de ces malheureux pionniers du vol les expérimentateurs admirables de la chute. Loin de chercher à planer, ils n'auraient fait qu'éprouver encore et encore le mystérieux et grisant phénomène de la pesanteur, traçant en actes la ligne la plus droite possible selon les principes de la physique : la ligne d'aplomb. Fidèle à ses procédés argumentatifs retors, Pierre Senges établit par ce « charivari » (*EF*, 16) logique une nouvelle vérité qui ne souffre plus des malentendus, contresens et/ou complots forgés par l'histoire officielle. Le préambule du livre affirme cette évidence oubliée ou cachée : nos héros aux vies brèves « testaient la gravitation, et tombaient pour de bon, parce qu'ils le voulaient bien. Loin d'être un accident, la chute était leur trajectoire, suivie en ligne droite et avec la grâce d'un ange qui décide de s'abandonner, pour voir, à l'attraction universelle. » (9)

Retournement axiologique : les *Essais* ne sont ni un répertoire d'échecs – un bêtisier cruel avant l'heure – ni même un tombeau pour les martyrs de la cause aérienne. Il est moins question de rédiger une histoire des vaincus qu'une contre-histoire de ces vainqueurs paradoxaux. Ces pionniers sont, par la grâce de la réversibilité des savoirs, les agents de succès éclatants, mais que l'Histoire conjointement positiviste et idéaliste a mal compris. Les machines de Léonard, célébrées comme les ancêtres de nos Airbus, deviennent d'admirables outils de chute : « […] l'étude du vol est l'épreuve provisoire imposée à qui veut tenter la chute […]. Les machines de Vinci sont des machines à tomber […]. » (*EF*, p. 91). En inversant le sens de ces échecs, le texte invente alors une érudition parodique au sens étymologique du terme – parallèle, claudicante, s'appuyant sur les à-côtés de l'érudition classique. Si échec il y a selon le narrateur, ce n'est pas celui de ces expérimentations, mais l'échec à se faire admettre dans la grande somme positive écrite par les hommes. Le livre déroule sa rhétorique loufoque et carnavalesque en reprenant la forme de l'essai scientifique : fragmentation en chapitres et sous-chapitres, annonces détaillées de contenus, notes de bas de page, références érudites, citations d'archives, adoption d'un vocabulaire scientifique, pratique de la taxinomie (« icariens » contre « tarpéiens »

(92-93)), sans oublier quelques formules de physique (65) : logique loufoque car elle renonce moins au rationnel qu'elle ne le prend au jeu de l'absurde et de l'invention. Cela conduit à une indécidabilité du statut du livre : le narrateur se trompe-t-il superbement par un contresens absolu ou est-il un faussaire – le terme de « faux » trouvant ici sa part d'ambiguïté, selon qu'il est adjectif (on est dans le schéma de l'erreur) ou substantivé (« faire un faux », récrire sciemment l'histoire, mettre les vers dans le fruit) ?

Mais, même si on laisse cette question du statut du texte ouverte, n'y a-t-il là que délire interprétatif paranoïaque ou supercherie littéraire, *refutatio* rhétorique de la thèse de l'échec ou paralogisme ? « Le sage apprend la compassion auprès des fous » (*EF*, 9) peut-on lire dans les premières pages : que ce soit auprès des fous comme auprès des faussaires, il y aurait ainsi, du versement physique au renversement logique, un enseignement à retirer de ce point de vue loufoque, qui défie paradoxalement la rigueur épistémique. Tout d'abord, par la grâce du texte, au-delà de l'humour du procédé formel, les chuteurs deviennent les auteurs d'échecs admirables et pleins de panache :

> On meurt de toucher le sol, d'atteindre son but [...], mais on meurt de façon bien plus pathétique en altitude [...]. Un froid de canard vient à bout du plus léger que l'air [...]. Aucun point commun entre cette congélation à la dérive et l'admirable démembrement des appareils plus lourds que l'air, l'impact des tombeurs parvenus au sol – l'apothéose plastique, élastique, articulée, de la précipitation. (*EF*, 120-121)

Les hommes d'aplomb accomplissent physiquement un geste esthétique parfait dans son évidence même, « calligraphie » humaine (*EF*, 56) de la ligne pure, à rebours des tâtonnantes élévations. Il y a aussi implicitement un éloge du corps burlesque – corps qui choit par excellence, mais corps extraordinaire, imprévisible et drôle. Les échecs mécanico-corporels chez Chaplin, Keaton et Lloyd[4] valent mieux que les corps triomphants des surhommes sportifs. Ils impliquent une force de perturbation que ces derniers ne tolèrent pas. Les dysfonctionnements et les maladresses virtuoses du burlesque nuisent à l'ordre imposé du monde, bouleversent nos catégories de jugement par leur indécidabilité fondamentale.

---

4 Les acteurs et cinéastes burlesques du muet sont régulièrement convoqués dans l'œuvre de Senges, notamment dans *L'Idiot et les hommes de parole* (*IH*, 22, 31 et 79).

D'autre part, si Clément Ader et consorts ne font que répéter l'éternel *hybris* de l'homme, les chuteurs nous enseignent la modestie et la fragilité, et désignent notre lot commun. Dans un entretien, Pierre Senges rappelait que « nous sommes tous réunis par la pesanteur » et que la « C/chute » nous définit intrinsèquement[5]. Qui fait alors erreur ? Sont-ce les hommes d'aplomb, qui nous enjoignent à persévérer dans notre être, ou bien les pseudo-héros de l'aviation qui font mensongèrement croire que l'on peut échapper à la pesanteur ? Les chuteurs deviennent alors les exemples d'une sagesse provisoire, où la soumission à la loi physique permet en retour la liberté de la volonté et l'amuïssement des tourments spéculatifs et théologiques. Chuter, c'est retrouver « ivresse » (*EF*, 59), douce folie et puérilité (76). Un passage consacré à Omar Khayam, savant et poète perse du XIe siècle, synthétise la véritable réussite de ses apparents échecs :

> Pour Omar Khayam [...], la ligne droite est à même de s'affranchir du cercle (la Roue), c'est-à-dire transgresser les cycles, l'éternel retour des astres et du zodiaque, l'ordre des cieux confié aux mollahs, aux prêtres, aux docteurs de la foi de tous poils ; [...] non seulement la chute est preuve physique de la gravité (une pierre dans le jardin de Dieu), mais elle est aussi preuve de la brièveté des vies, de l'imperfection de la création. Pour Khayam, tomber c'est courir le risque de mourir, et mourir (sans esprit de sacrifice) est la seule façon, à la portée de tous, d'échapper à l'immortalité, à l'éternité des muftis promise par les imams : [...] mourir pour rendre son corps à la terre, en la visant depuis un modeste piédestal et, avec un peu de chance (pas l'*Inch Allah* des sectes, mais un hasard païen), redevenir poussière, puis sable, puis céramique et cruche enfin dans laquelle un autre pourra boire son vin, et douter de Dieu à chaque gorgée qu'Il concède. (*EF*, 58-59)

La chute est mise à bas des dogmes et des discours. Si elle est classée comme échec ou ratage, c'est parce qu'elle est fondamentalement subversive.

5 Cet entretien a eu lieu le 25 octobre 2009 au Centre Pompidou, dans le cadre d'un rendez-vous intitulé « Rosebud », où des écrivains venaient évoquer un souvenir d'enfance marquant. Pierre Senges a choisi un petit film datant de 1913, montrant un certain Franz Reichelt, muni d'un improbable parachute, s'élançant de la Tour Eiffel et s'écrasant violemment au sol. Ce film serait le premier enregistrement cinématographique d'une véritable mort en direct.

GAIN DE L'ÉCHEC, JOIE DE L'ERREUR (2)
Géographie

Environs et mesures, avec son titre en forme d'antithèse, ne réitère pas le geste argumentatif des *Essais fragiles d'aplomb*. Le narrateur ne cherche pas à nous prouver que Victor Bérard a bel et bien trouvé l'île de Calypso en débarquant sur l'îlot de Pérégil, près de Gibraltar. Les erreurs de ces navigateurs, théologiens ou géographes restent des erreurs, au sens strict du terme, dont le narrateur fait la liste avec une ironie constante mais bienveillante. Il ne faut pas voir dans cette bienveillance le surplomb magnanime de l'écrivain qui, rétrospectivement, compte les points. Elle se justifie dans la mesure où les erreurs de ces professeurs Tournesol font sens. *Environs et mesures* cherche à comprendre ce qui a poussé ces hommes à situer ce qui se soustrait à toute localisation : plutôt que de condamner l'erreur au nom de la positivité du savoir, le narrateur en fait un puissant révélateur.

Tout d'abord, il y a certes dans ces naïvetés topographiques l'expression d'un besoin profond de connaissances. Mais elles disent également « l'éternel attachement de l'homme à la pensée concrète » (*EM*, 69), c'est-à-dire l'impossibilité de se tenir dans la pure abstraction – qu'il s'agisse des chimères de l'imagination comme des spéculations des sciences. La mesure erronée et fantaisiste renvoie au besoin de *se mesurer* aux abstractions, de leur donner chair pour contourner l'insatisfaction dans laquelle elles nous plongent :

> […] nos désirs sont des désirs de créature réfléchie amoureuse de l'abstrait, où elle ne se connaît aucun ennemi ; seulement voilà, nous sommes vivants, nous désirons voir, notre univers est celui des apparences quel que soit le monde de chiffres que nous parvenons à comprendre ; nous désirons voir, voir comme on respire, nous désirons nous avancer, nous désirons nous appliquer au visible, nous présenter à lui comme l'un des siens […]. (*EM*, 65)

« [V]oir comme on respire » plutôt que « mentir comme on respire » : point donc de malignité argumentative ; l'erreur n'est que le signe touchant des contradictions de notre volonté d'érudition : « Une créature intermédiaire, une créature privée d'absolu, voilà le genre humain : voué à l'échec du côté du matérialisme, à l'échec aussi vers le ciel des abstractions pures [...]. » (*EM*, 33). L'erreur et la fragilité des savoirs conduisent à un portrait de l'homme comme être d'imperfection et d'« approximation » (*EM*, 45 ; *EF*, 113). C'est la relativité de nos connaissances qui est ainsi mise au jour, à rebours des postures absolutistes qui accompagnent habituellement nos velléités encyclopédiques : les lieux introuvables d'*Environs et mesures* sont à l'image de l'utopie du savoir totalisant et circonscrit. Comme dans *La Tentation de saint Antoine* de Flaubert, mais de façon bien moins douloureuse, sciences et fables sont également prises dans leur relativité : « Notre intelligence s'épanouit sans doute dans ce double effort : maîtriser notre crédulité et maîtriser notre scepticisme [...]. » (*EM*, 88).

Par le biais de ce catalogue d'aimables erreurs, *Environs et mesures* formule à nouveau une sagesse intellectuelle provisoire, médiocre, qui enjoint à revendiquer la demi-mesure contre les pensées exclusives et totalitaires. Mais cette demi-mesure est une force car elle est lien, cohabitation, syncrétisme : cohabitation du vraisemblable et du poème, du scientifique et du fabuleux, de la fable et de la loi physique[6], des « dieux archaïques » et des « bibliothécaires » érudits (*EM*, 79) ; savoir et imagination se légitiment l'un l'autre. L'erreur est alors une forme oblique de compréhension des choses, de considération des apparences, d'autant plus jouissive qu'elle fraie avec la fantaisie et qu'elle est épreuve de l'imagination – comme par exemple faire passer un reportage filmé sur des inondations en région parisienne en 1958 pour des vues de Venise[7]. L'homme peut alors assumer modestement sa condition, fragile et arbitraire, et prendre plaisir à une érudition dont il connaît désormais

6 « Enchantement ou désenchantement, peu importe : on ne peut pas s'empêcher d'interroger le réel en même temps que l'imaginaire, c'est-à-dire décortiquer chaque élément d'une fable pour voir s'il peut, en plus de distraire, obéir aux lois de la physique. » (*EM*, 72).

7 Pierre Senges pratique à nouveau l'inversion logique lors de sa résidence à l'INA en 2011, faisant passer l'hypothèse fantaisiste pour argent comptant et la réalité pour vagabondage de l'imagination : « Il arrive au chercheur de tomber par hasard [...] sur d'étonnantes images d'archive : par exemple, cet extrait d'un documentaire sur Venise, daté de mars 1958, mais comportant, contrairement aux usages impeccables et alexandrins de l'INA, une erreur dans son titre (*horribile dictu*). [...] avec un peu de fantaisie, l'honnête homme pourrait même s'en servir de point de départ à son imagination : au lieu de voir ces images pour ce qu'elles sont en vérité, un aperçu de Venise, les interpréter, en forçant un peu le trait, comme un instantané d'une ville du nord de l'Europe sur qui on aurait lâché les digues. » (« Venise », in *Lire. Pierre Senges*, 1er avril 2011, <http://blogs.ina.fr/pierre-senges/2011/04/01/venise/> [consulté le 23 janvier 2013]).

le caractère mouvant et limité[8], tout en maintenant l'exigence et le plaisir de la quête.

Dans les dernières pages d'*Environs et mesures*, l'image de la chute – concrète comme symbolique – est présente, autorisant l'hypothèse d'une fraternité d'esprit avec les précédents *Essais fragiles d'aplomb* :

> Nous sommes sublunaires, nous devons l'être, nous sommes prosaïques, nous devons l'être, notre appartenance au monde n'est pas un bagne comme le pensaient les gnostiques, mais il y a un peu de ça : un peu de nécessité, de fatalité [...]. L'ici-bas n'est pas le sol où allégoriquement nous retombons après chaque tentative d'envol, l'ici-bas est nous-mêmes, d'une façon entière et brouillonne ; il est la matière dont nous sommes faits, avec ou sans dessein[9]. (*EM*, 89)

Cette fraternité vient de cette modeste sagesse non résolutive, cet « humanisme » (*EM*, 99) justement défini par l'erreur, suivant le célèbre proverbe latin que Pierre Senges reprend : « Cette erreur, on ne s'en formalisera pas ; il paraît qu'elle définit le genre humain, et en tout cas nous sert à tous de lieu commun [...][10]. » Hommes d'aplomb et géographes révèlent dans leurs volontés de savoir et leurs expériences de chutes non seulement un même attachement au sol, mais aussi une même frénésie d'explorations, d'expérimentations et d'interprétations : autant d'occasions de faire fausse route, mais autant d'occasions d'éprouver son appartenance à l'humanité. En jouant sur les mots à la suite de Senges, on dira que nous *échouons à* triompher du monde par le savoir, parce que nous avons *échoué sur* ce monde :

8 Laurent Demanze a avancé cette idée : « Il est loin en effet le temps où les espaces infinis et les lieux inconnus charmaient l'imaginaire et suscitaient l'effroi, et le XXIe siècle semble prendre chaque jour davantage à rebours le titre de l'essai d'Alexandre Koyré, *Du monde clos à l'univers infini*. Les années qui se sont écoulées ont sans doute imposé une autre expérience du monde qui ne serait plus à placer sous le signe de la réserve infinie, mais de la limite. L'homme a sans doute cessé d'éprouver le dehors sur le mode romanesque de la conquête, pour entretenir un autre rapport au monde, qui prenne en charge aussi bien sa limite que son épuisement. » (« L'apocalypse selon Senges », p. 211-220 in Laurent Demanze et Dominique Viart [dir.], *Historicité de la littérature contemporaine*, Paris, Armand Colin, 2012, p. 219).

9 Une autre occurrence de l'image apparaît plus tôt dans le texte : « Ce que semble prouver la présence du paradis sur des cartes de la Terre, c'est l'éternel attachement de l'homme à la pensée concrète [...] ; l'inévitable retour au sol après avoir volé un quart de seconde en sautillant. » (*EM*, 69).

10 Pierre Senges, « Venise », <http://blogs.ina.fr/pierre-senges/2011/04/01/venise/> [consulté le 23 janvier 2013].

> Le *bas monde* est le paysage qui nous a été donné : le prosaïsme, la réalité renforcée par l'interprétation de la réalité, le sort commun, les apparences et ce que les apparences ont de plus tangible, c'est-à-dire d'essentiel. Le bas monde est cet endroit où l'homme mercurien est tombé pour retrouver ses semblables, chacun échoué à sa manière, chaque échouage en disant un peu plus sur la nature humaine ; il est le lieu où l'on peut passer sans rencontrer aucun obstacle de *transcendance* à *sac de tourbe*. (*EM*, 98)

Dans ces deux textes, échecs et erreurs prennent une dimension tour à tour subversive et éthique : ils sont les leçons des idiots[11]. À leur suite, les « erreurs » de l'écrivain – contresens, supercheries, hypothèses – sont donc stratégiques et délibérées : elles *font échec* aux idéologies dominantes, héroïques et triomphantes – petites bombes épistémologiques à déflagration lente, qui « immunis[ent] facétieusement[12] » le lecteur contre les affirmations péremptoires du savoir. S'il y a utopie des lieux, il y a topographie et mesure des discours.

Nous terminerons par l'hypothèse d'un « environ intertextuel fragile ». *Essais fragiles d'aplomb* et *Environs et mesures*, dès leur titre, nous ramènent à notre faillibilité et remettent en cause nos prétentions à quadriller et surplomber le monde. C'est dans cette mesure que nous voyons ces livres comme des textes en partie pongiens. Chez Ponge comme chez Senges, il y a ce jeu avec les discours scientifiques, ce goût dessillé pour l'érudition, cette méfiance vis-à-vis de l'envolée lyrique[13], cette ironie et cet humour qui visent à faire choir l'homme de ses piédestaux. Le texte prend une dimension moraliste – mais non moralisatrice – en plaidant pour une sagesse matérialiste et relativiste. Le sème de la chute

---

11 Nous renvoyons évidemment à l'article d'Audrey Camus sur le scepticisme ironique de l'œuvre de Senges, hérité en partie de la satire ménippéenne (« Une éthique de l'idiotie : l'œuvre de Pierre Senges », p. 169-179 in Marc Dambre et Richard J. Golsan [dir.], *L'Exception et la France contemporaine. Histoire, imaginaire, littérature*, [Paris, Presses Sorbonne Nouvelle, 2010]). Dans *L'Idiot et les hommes de parole*, opposant idiots et « reste des vivants », le narrateur a cette formule : « le vivant est dans le vrai, l'idiot dans l'erreur, qui lui va comme un chandail [...]. » (*IH*, 145).

12 « [...] tant que [le lecteur] s'applique à lire, il s'immunise facétieusement. » (Pierre Senges, « Suite », p. 189-203 in *Devenirs du roman*, Paris, Inculte-Naïve, 2007, p. 203).

13 « [...] la métaphore rattache au sol, au contraire. C'est l'image qui est mise en scène dans *Essais fragiles d'aplomb*. Paradoxalement, la métaphore est prosaïque, elle est triviale. [...] il y a cette nécessité de ne pas trop s'envoler du côté des petits oiseaux et des nuages pour revenir sur terre. » « Rire baroque. Entretien avec Pierre Senges », *Le Matricule des Anges*, n° 92, avril, 2008, p. 24-29 (p. 28).

sature le poème inaugural du *Parti pris des choses*, « Pluie[14] » ; de même, comme l'homme d'aplomb, l'escargot pongien est « bien sûr de [s]e rétablir sur pied et de recoller au sol où le sort [l]'aura relégué [...][15]. » Alors que les grands aviateurs ne sont que des versions motorisées du faux héros aérien qu'est le gymnaste de Ponge, escargots et chuteurs ont le même héroïsme discret qui engage sincèrement tout leur être : « Ce sont plutôt des héros, c'est-à-dire des êtres dont l'existence même est œuvre d'art [...][16]. »

L'autre point commun avec le poète, outre le goût de la glose et du commentaire, réside dans la correspondance entre la forme du texte et son objet : au principe d'« une forme rhétorique par objet » préconisé par Ponge[17], répond le souhait, dans *Essais fragiles d'aplomb*, d'une rhétorique brève et fragmentée, à l'image des chutes évoquées. Est ainsi envisagé « un opuscule mineur » (*EF*, 10) : « [...] l'ouvrage minuscule (petit : pour s'accorder à la durée traditionnellement brève de la chute : elle résume à l'instant même balbutiements, prologue, essai, commentaire, conclusion, épilogue, annexes – signature [...]). » (10). Contre le dogme de la vérité et du succès, Senges choisit ceux qui se trompent ; de même, contre la forme assertorique du grand essai, démonstration de haute volée de la vérité des savoirs, Senges fait le choix de l'essai fragile, inachevé[18], mais fantaisiste et euphorique – quand bien même cette euphorie serait celle de la « déréliction[19] » : l'échec et l'erreur sont moins un attentat à la vérité qu'à la bêtise de la certitude orgueilleuse.

Pour parfaire nos errements intertextuels par un grand saut, on citera le dernier des *Trois dialogues* de Samuel Beckett, au sujet du peintre Bram van Velde : « [...] être un artiste c'est échouer comme nul autre n'ose

14 Francis Ponge, *Le Parti pris des choses* [1942], Paris, Gallimard, « Poésie », 1967, p. 31.

15 *Id.*, p. 53.

16 *Id.*, p. 54.

17 Francis Ponge, *Méthodes*, Paris, Gallimard, « Essais », 1961, p. 31.

18 Comme l'écrit Laurent Demanze, « on sait [...] combien l'œuvre de Pierre Senges est travaillée par le souci flaubertien de ne pas conclure, et que ses textes en variations, épanorthoses, épuisement de possibles et scrupules, sont autant de récits de la suspension. » (« L'apocalypse selon Senges », *op. cit.*, p. 220).

19 « L'euphorie de la déréliction » est une expression de Senges tirée de son article sur *Bouvard et Pécuchet*. C'est l'autre nom d'une liberté particulière, celle « des hommes venus au monde du temps de Marc Aurèle, après la mort des dieux et avant l'arrivée du Christ : la liberté de l'homme abandonné, la fortune de la créature avalant la poussière [...]. » Pierre Senges, « Entreprise et renoncement », p. 97-125 in Anne Herschberg Pierrot (dir.), *Flaubert, l'empire de la bêtise*, Nantes, Nouvelles Éditions Cécile Defaut, 2012, p. 119.

échouer, [...] l'échec constitue son univers et son refus[20]. » Suivant cette définition *a priori* paradoxale, hommes d'aplomb, géographes entêtés, mais aussi écrivains glosateurs friands de sabotages et d'impostures littéraires, sont assurément des artistes, simultanément loufoques et subversifs.

Fabien GRIS
Sorbonne Université

20 Samuel Beckett, *Trois dialogues*, traduit de l'anglais par l'auteur et par Édith Fournier, Paris, Minuit, 1998, p. 29. Malloy et Malone figurent parmi la galerie des « idiots » sengiens (*IH*, 157, 234).

LA VOIX POLÉMIQUE DU FAUSSAIRE DANS *FRAGMENTS DE LICHTENBERG*

« Il existe plusieurs versions d'une même épreuve – celle que les veuves prennent sous ma dictée [...], celle qui finalement demeure, est sans doute la moins improbable, c'est-à-dire aussi la plus crédible – il ne m'est pas permis d'en juger. » (*VM*, 7) : cette phrase liminaire de *Veuves au maquillage* excède les seules fonctions d'un incipit de premier roman. Elle semble davantage avoir valeur de programme poétique pour une bonne partie de l'œuvre de Pierre Senges. En effet, de *Veuves au maquillage* à *Fragments de Lichtenberg*, en passant par *Sort l'assassin, entre le spectre* et *La Réfutation majeure*, les livres de Pierre Senges placent à la genèse de la narration des figures qui récusent son authenticité. Au seuil de son récit, le narrateur autodiégétique de *Veuves au maquillage* indique que la version du texte que nous lisons est pour le moins suspecte, dans la mesure où sa rédaction lui a échappé en partie. Son autorité sur le texte lui fait donc défaut, contestée par de mystérieuses « veuves », véritables copistes, prenant appui sur un récit premier nécessairement fragmentaire, car proféré par un protagoniste littéralement morcelé. Les veuves ont vraisemblablement déformé, à la manière des moines du Moyen Âge, un manuscrit pour le moins occulte, tout du moins occulté. Ce manuscrit original se perd dans la voix de plus en plus amuïe d'un narrateur dont le corps disparaît sous les strates d'un texte second au statut incertain. Avançant par permutation constante du vrai et du faux, *Veuves au maquillage* se joue de la disparition de l'Auteur en s'annonçant comme l'œuvre équivoque d'un auteur en trompe-l'œil, entre disparition et démultiplication, auteur louche donc, exerçant comme il se doit la profession de faussaire.

De ce premier roman, on peut établir une nomenclature sommaire des figures du faux dans les textes de Senges. 1) Le faux mine en amont le récit, sape sa crédibilité, en perturbe la genèse en remettant en cause ses figures d'autorité. Dans *La Réfutation majeure*, le texte est « faussement attribué à Don Antonio de Guevara », dont on apprend tout de même qu'il est le véritable auteur d'un apocryphe attribué à Marc Aurèle. Ce flottement épistémique quant à la source auctoriale annonce la réversibilité ironique du vrai et du faux à l'œuvre dans les récits de Senges. 2) Le faux est thématisé à l'intérieur du récit à travers des personnages de la dissimulation : on en retrouve des ramifications dans *Ruines-de-Rome.* Dans ce récit, le narrateur mystificateur fomente une révolution botanique en contrefaisant les cadastres établis, en semant des graines faussement innocentes dans toute la ville afin d'en lézarder l'architecture de béton et d'acier. 3) Le faux génère toujours plus de simulacres. Les nombreuses figures de l'autocorrection, caractéristiques de la prose de Senges, pointent l'insuffisance du langage, le mensonge dont il est grevé et qu'il faut constamment endiguer, reprendre – et sans doute aggraver.

Sort l'assassin, entre le spectre inscrit cette duplicité fondatrice dès son titre. Le livre s'élabore ainsi sur l'incertitude initiale dans laquelle se trouve Macbeth se demandant s'il est le vrai Macbeth ou l'acteur qui mime Macbeth. Si le conflit du vrai et du faux, de l'original et de la contrefaçon, a valeur structurante dans les livres de Pierre Senges, il convient aussi de signaler à quel point nous sommes loin d'une esthétique de la mystification et des supercheries littéraires telles que les a théorisées Jean-François Jeandillou[1]. Certes, *La Réfutation majeure* donne la parole à un auteur prétendu, mais nul ne tombe dans le piège de cette mystification qui se trahit elle-même. Car le faux, dans les fictions de Senges, s'annonce toujours comme tel : il avance masqué en pointant son propre masque. On pourra arguer qu'il perd ainsi de son efficacité. Mais si l'écrivain « distille de l'apocryphe dans la bibliothèque » selon la formule de Laurent Demanze[2], ce n'est pas tant pour prendre au piège le lecteur que pour attirer l'attention sur la véracité relative des discours, la puissance de fictionnalisation des gloses et des savoirs.

Fragments de Lichtenberg tend à épuiser ce trouble épistémique suscité par les figures du faux. Ce roman en excès n'est pas sans rappeler l'étymon italien de supercherie, soit *soperchiare* qui signifie « surabonder, prédominer,

1 Jean-François Jeandillou, *Esthétique de la mystification*, Paris, Minuit, « Propositions », 1994.

2 Laurent Demanze, « Le Neuf peut-il naître de l'Ancien ?, Pierre Senges, Fictions encyclopédiques et gloses inventives », conférence au Lieu Unique, février 2011, http://remue.net/spip.php?article4196

tromper[3] ». Si le livre de Senges ne constitue pas une supercherie dans la mesure où nul ne croit à l'existence de quelque auteur supposé, on peut néanmoins dire qu'il fait de la tromperie, voire de l'escroquerie du faussaire, la scène primitive du récit. Or le faux va prédominer et surabonder dans ce récit. Au-delà du repérage de la prolifération des figures du simulacre dans ce livre-somme, il convient d'interroger les raisons d'une telle insistance sur ce motif de la falsification. Une des hypothèses serait que les figures du faussaire libèrent une voix polémique, qui tantôt épouse l'ironie, tantôt use de la parodie pour contester des figures d'autorité. Cependant, la voix des narrateurs de Senges ne s'épuise pas dans la seule contestation polémique du déjà-écrit. Elle sort de l'impasse dialectique, confrontant deux discours qui prétendent faire autorité[4], pour emprunter la voie courbe de la circonspection[5] et œuvrer ainsi à l'élaboration d'une autorité seconde.

MULTIPLICATION DES FAUSSAIRES

À l'instar de *Veuves au maquillage*, *Fragments de Lichtenberg* met en jeu la dialectique de l'un et du multiple, du tout et des parties. Le titre prête déjà à confusion, selon qu'on choisisse le génitif objectif ou le génitif subjectif pour l'interpréter. Ce titre renvoie-t-il à l'œuvre laissée par Lichtenberg, prise pour thème du récit, ou apporte-t-il sur un plan rhématique une information sur la forme du livre, bâti sur une accumulation de fragments se rapportant tous au thème principal : Lichtenberg ? Cette ambiguïté définit d'emblée un double régime d'écriture et de lecture :

3 Jean-François Jeandillou, *Esthétique de la mystification*, *op. cit.*, p. 41.

4 Marc Angenot explique ainsi que « dans la polémique, le drame se déroule de la façon la plus simple en un champ clos où s'affrontent le héros et l'imposteur. Le polémiste a pour tâche d'arracher la vérité à l'erreur représentée par la partie adverse. », in *La Parole pamphlétaire : typologie des discours modernes*, Paris, Payot, 1982, p. 38.

5 « Cette façon d'être circonspect, c'est-à-dire de "regarder tout autour", peut avoir une valeur positive dans le cas de l'écriture ; surtout si l'on imagine que cette écriture est littéraire et qu'on la considère justement non comme tout ce qui est contraire à ce tremblement, mais comme tout ce qui est dans ce tremblement, dans cette hésitation, cette circonspection. » (in *Fins de la littérature : esthétiques et discours de la fin*, tome I, Dominique Viart et Laurent Demanze [dir.], Paris, Armand Colin, « Recherches », 2012, p. 255).

le livre réticule l'œuvre de Lichtenberg – il cite ses fragments, non sans les éparpiller tout au long du texte – et la somme des commentaires relatifs au philosophe allemand (sa vie, son œuvre). Dès l'ouverture du récit le désignateur rigide qu'est le nom propre Lichtenberg se trouve confronté à une menace d'émiettement. Pourtant le volume du livre invite également à lire ces fragments comme une démultiplication des mondes possibles autour du nom Lichtenberg. Quoi qu'il en soit se trouve d'emblée contestée une autorité unique à la source du texte. Sur la page de couverture s'associent ou se disputent les noms de Senges et Lichtenberg. Qui fait autorité sur l'autre ? Des fragments de l'un découle la somme de l'autre : jusqu'à quel point celle-ci ne va pas recouvrir, altérer ou déplacer ceux-là ? Mais dans quelle mesure une telle somme, prêtant sa voix et son volume à Lichtenberg, ne vient-elle pas servir la cause d'un écrivain sinon figé dans le costume guindé de ses aphorismes, du moins négligé, en le replaçant dans la lumière de notre siècle, lorsque son nom a été tronqué et oublié des mémoires du siècle des Lumières ? Le livre jette d'emblée un trouble quant à l'origine du récit, proposant une autorité pour ainsi dire dialogique. Ce dédoublement est encore renforcé par les figures de la tromperie placées au seuil du livre.

Un simple coup d'œil à la fin du livre nous révèle un index, indice que le livre se présente comme un commentaire sur les fragments de Lichtenberg. Mais le nom de Pierre Senges figurant sur la couverture évoque moins un travail universitaire que fictionnel. À y regarder de plus près, l'index est une parodie du genre, qui aligne allègrement Ponson du Terrail, auteur de *Rocambole* et Porcellus (faux marchand de saucissons). L'index fantasque place le commentaire sur l'œuvre sous le signe de l'excès de la fiction qui déborde les seuils supposés sérieux du texte.

Si l'on retourne à la genèse du récit des lichtenbergiens, on tombe également sur un leurre, à savoir la conjecture de Herman Sax selon laquelle les aphorismes de Lichtenberg « sont à la vérité les fragments éparpillés d'un seul livre » (*FL*, 26). Cette hypothèse repose sur une découverte pour le moins douteuse. Collectionneur de manuscrits, Herman Sax est un personnage naïf, qui « s'est contenté de se faire escroquer, par un couple de faussaires, des calligraphes, comprenez des imitateurs capables de faire du Montaigne comme du Milton, en changeant de plume – l'escroquerie, voilà le sort réservé aux amoureux de l'authenticité » (25). Là encore, les figures de la duplicité et de la versatilité sapent en amont le miracle qui frappe la carrière sans relief d'Herman Sax. En rejouant par hyperbole le topos du manuscrit retrouvé, Senges en accuse le caractère dérisoire et fabuleux. Les faux fonctionnent en effet comme de véritables moteurs à fictions, puisqu'ils enclenchent la saga des lichtenbergiens et à travers eux, un métarécit sur l'auteur allemand et son œuvre, mais aussi l'histoire des reconstitutions du ou des romans de Lichtenberg. En réalité, ces faux sont l'acte de naissance d'une somme d'auteurs fictifs qui attribuent abusivement des œuvres complètes à un Lichtenberg qui passe de figure historique à auteur virtuel.

Cette mise en fiction des fragments réels déstabilise la hiérarchie conventionnelle des genres, des niveaux du texte et du statut d'auteur. Le métatexte, apparat critique censément sérieux, devient exégèse délirante : des romans hypothétiques font pièce aux gloses sérieuses, mesurées, en un mot académiques. L'institutionnalisation de la société des archives Lichtenberg en Suède témoigne de ces brouillages. Une double image inconciliable caractérise les membres de cette communauté d'exégètes. D'abord affectés de la gravité légendaire de leur pays, les Suédois de Göteborg – double toponymique du Göttingen de la genèse – n'inspirent bientôt plus le sérieux qu'ils affichent. Le narrateur les dote également des traits caractéristiques des illuminés héritiers de Swedenborg. L'ancrage institutionnel de cette société pose également problème dans la mesure où elle a pour mythe fondateur une escroquerie. Un des membres est suspecté d'avoir ajouté une clausule au testament de Nobel de manière à détourner une partie des fonds du physicien au profit de la société Lichtenberg. Or de l'acte de ce faussaire anonyme découle la multiplication virtuelle du topos du manuscrit retrouvé. En effet, une fois les subsides attribuées aux chercheurs, différents émissaires des Archives se lancent à la recherche d'éventuels morceaux de roman-somme dans toute l'Europe. La fin de l'aventure collective des exégètes se solde d'ailleurs par une forme d'épuisement du faux auquel on ne prend plus la peine de croire : « [...] le monde n'est plus que tiroirs vides et faux maladroitement conçus au stylo bille [...]. » (*FL*, 524).

L'aventure métatextuelle repose entièrement sur le faux, mais les romans reconstitués par les archivistes eux-mêmes mettent en scène des figures de la mystification. Il en va ainsi de Polichinelle, la première créature romanesque recréée par l'hypothèse de Stewart & Mulligan, eux-mêmes suspectés de « canular » (*FL*, 125). Non seulement Polichinelle apparaît sous de multiples « nom[s] d'emprunt » (129), mais en plus il entend mettre fin à sa carrière de personnage de la *commedia dell'arte* pour accéder au mythe, entre Faust et Don Juan. La mise à mort du bouffon et l'imitation des figures magistrales qui s'ensuit peuvent toutefois encore s'interpréter comme une facétie supplémentaire de Polichinelle, raillant le sérieux du mythe au lieu de s'y conformer.

Les reconstitutions apocryphes figurent ainsi autant de détournements parodiques des différents sous-genres du récit. Les protagonistes sont des avatars comiques, des pseudo-imitations qui dévoient ou réécrivent des récits ou des mythes usés jusqu'à la corde. Contrairement au *Robinson* de Defoe, *Robinson le fluet* ne reconstitue pas une forme de civilisation dans l'île déserte mais s'ensauvage complètement, se dépouillant comiquement de tous ses attributs traditionnels. Le Huitième Nain de Blanche-Neige entend quant à lui « [s']effacer de la chaumière des frères Grimm » et de l'ensemble des recueils. Suivant le modèle des « copistes du temps de l'abbaye de Saint-Gall » (*FL*, 453), il s'enfuit du conte non sans en corriger au préalable toutes les versions antérieures. Ces réécritures faites de biffures et d'amendements sont inséparables du fantasme de destruction du palimpseste. En supprimant son nom du conte, le nain-copiste signe paradoxalement la version que l'on tient pour l'original. Or, cette nouvelle version privée de son supplément d'âme, cette version naine, pourrait-on dire, coïncide avec le rêve de sa propre dissolution : « [...] escamoter son nom, [...] suppose presque immanquablement le sacrifice d'une page entière, et parfois tout le paragraphe, et sans vouloir donner à ma personne de huitième nain une importance qu'elle n'a pas, j'ai cru voir le récit complet de Blanche-Neige passer à la trappe pour rejoindre au feu d'autres récits [...]. » (*FL*, 454). En pratiquant le détournement de conte, le nain, figure humoristique de l'auteur de micro-fictions qu'est Pierre Senges[6], voue toutes formes tenues pour authentiques à l'incendie (motif récurrent dans le livre). Le fantasme de destruction de l'original libère des versions corrompues, farcies d'emprunts et de citations arrachées à leur contexte, des abrégés.

Les reconstitutions romanesques envisagées par les exégètes de Lichtenberg, tous mystificateurs à des degrés divers, forment autant de sabotages ludiques d'une matière première si connue qu'on a fini

6 Sur la notion de « micro-fictions », voir Laurent Demanze dans la conférence précédemment citée.

par l'oublier. Le narrateur lui-même qui narre l'histoire de ses reconstitutions ne fait qu'en livrer une version succincte, lacunaire, soit une interprétation déviante, escamotant complètement l'original. Tout se passe comme s'il fallait incendier la bibliothèque[7], en supprimer les lettres pour en revivifier l'esprit.

Ces distorsions infligées à un matériau premier fonctionnent comme des mises en abyme décrivant le traitement que le narrateur extra-diégétique opère sur les aphorismes de Lichtenberg. Avant tout lecteur, ce narrateur ne cesse de citer le texte de Lichtenberg, insérant des fragments au cœur du texte mais le disposant plus souvent encore dans ses marges. Cette pratique citationnelle peut être rapprochée de celle que défend Walter Benjamin, associant citation et destruction[8]. En citant un élément du texte source, l'auteur l'arrache à son contexte, le détruit tout en visant une reconstruction, une transmutation. Cette opération de pillage et de recyclage des fragments donnés comme rebuts d'un ou de plusieurs grands romans d'un auteur mis lui-même trop vite au rebut est à la genèse du livre-somme de Senges. Cette pratique est indissociable de la voix polémique du lecteur, débattant avec des strates d'intertextes, comme pour leur redonner une vigueur perdue ou leur contester les privilèges du discours attesté.

LA VOIX POLÉMIQUE

« La polémique, c'est anéantir un livre en quelques citations. [...] Seul celui qui peut anéantir peut critiquer. La vraie polémique gourmande un livre avec autant de tendresse qu'un cannibale qui se prépare un nourrisson[9]. » Lire, pour Benjamin, c'est agir en cannibale gourmand. Assimilée à la dévoration barbare, la lecture appelle également une

7 Ce fantasme pyromane a été analysé par Laurent Demanze, « L'apocalypse selon Senges », p. 211-220 in Dominique Viart et Laurent Demanze (dir.), *Fins de la littérature : historicité de la littérature contemporaine*, tome II, Paris, Armand Colin, 2012.

8 Walter Benjamin, *Karl Kraus* in *Gesammelte Schriften II*, Frankfurt/Main, 1972, p. 334-367 (p. 365).

9 Walter Benjamin, *Sens unique, précédé de Une enfance berlinoise* [1972], trad. Jean Lacoste, édition revue, Paris, Maurice Nadeau, 1978/1988, p. 172.

digestion, soit une critique. Les exégètes ou auteurs fictifs réécrivant l'œuvre de Lichtenberg vandalisent le texte original en s'appropriant sans égards des fragments, usant des ciseaux pour les redécouper et de la colle pour les rassembler à leur guise, leur offrir une continuité artificielle (*FL*, 66). Les archivistes ne se contentent pas de casser le texte original au prétexte de mettre en ordre le « Grand œuvre en désordre ». Leur travail de collage fait ressortir, par ses associations cocasses, le désir de la continuité et le caractère dérisoire de toute tentative de recomposition d'un sens premier. Tout se passe comme si ces citations arrachées à leur obscur contexte d'origine faisaient entendre, par leur assortiment incongru, le rire de Lichtenberg, se moquant des spéculations fantasques autour de ses textes. La relecture et le redécoupage donnent ainsi une seconde vie au texte d'origine, en décapent l'humour tout en renvoyant les exégètes à l'infirmité de leur quête herméneutique.

Recyclable à loisir, le texte de Lichtenberg se prête indifféremment à toutes les relectures et réécritures sauvages, tolérant l'intrusion de crochets substituant un pronom à un nom propre, par exemple. Le texte premier s'enrichit ainsi de la qualité de l'énigme, dans la mesure où il ne cesse de générer un commentaire qui court en tous sens après lui. En effet, la glose censée éclairer le sens du texte ne fait que le brouiller, et Senges de se livrer, à travers sa saga des lichtenbergiens, à la parodie de nos pratiques du commentaire. Car telle est l'arme de la voix polémique : infiltrer les discours sérieux, en reprendre ironiquement les termes pour mieux les contester. Senges ne se contente pas d'attaquer à travers la confrontration Lichtenberg/Lavater l'ensemble des discours scientifiques reposant sur des présupposés essentialistes. Il met également au jour l'imposture qui se cache derrière toute posture d'autorité, particulièrement celle de l'écrivain.

Senges invente ainsi un Lichtenberg parodiant Goethe pour dénoncer la figure du *grand écrivain* dispensant ses conseils et ses bons mots à une cour de disciples ébahis.

> Parodier Goethe [...] ça peut prendre la forme d'une farce, et le Lichtenberg historique aurait pu demander à un ami graveur de créer pour lui seul (son propre usage : son propre système économique) un thaler en argent de cent vingt-cinq grammes : on y verrait sur une face les armes de Göttingen, sur l'autre le profil de Lichtenberg, et dans son regard de côté suffisamment de malice (de pensée de travers) pour enlever toute valeur à la pièce de monnaie. (*FL*, 286-287)

En supposant un Lichtenberg faussaire, le narrateur révèle à travers cette contrefaçon sciemment grotesque que toute littérature qui entend battre souverainement la monnaie, à la manière du poète, est inauthentique. Contre une autorité mystifiante s'érigerait une autorité démystificatrice affichant ironiquement la supériorité du rire contre la bêtise qu'il mime, mais aussi réinvente et accroît pour mieux s'en distinguer.

On mesure le risque encouru par le faussaire polémique : en dénonçant le sérieux et la rigidité d'un discours autoritaire, on peut facilement se prendre à son tour au sérieux, car renverser l'autorité, c'est toujours chercher à l'usurper, à s'en rendre maître. La voix des livres de Senges joue de cette inversion des rôles qui installe le bouffon à la place du Puissant, mais ne s'en satisfait pas. Au contraire, elle relance incessamment la question : Comment maintenir ouvert le discours sans (re)trancher le sens ? Ces préoccupations éthiques et esthétiques, centrales dans les livres de Senges, rappellent le rejet de l'arrêt au profit du mouvement « à sauts et à gambades » dans la prose sceptique de Montaigne. Elles participent également de cette méfiance des écrivains contemporains récusant toute affiliation à quelque école que ce soit. Si les fictions d'aujourd'hui sont indécidables[10] pour reprendre une formule de Bruno Blanckeman, c'est précisément parce qu'elles cherchent à déclôturer le sens du texte[11]. Contre le simple échange des positions vrai/faux, Senges propose une circulation constante des valeurs et des places si bien que toute critique prétendant démasquer un discours mensonger s'expose d'elle-même à sa propre autocritique.

LA VOIX DE LA CIRCONSPECTION

Contester le caractère pontifiant du discours, c'est aussi loger dans l'énonciation les modalités de sa propre critique. Se présentant comme un texte second, le livre de Senges se refuse à tout discours thétique.

10 Bruno Blanckeman, *Les Récits indécidables, Jean Echenoz, Hervé Guibert, Pascal Quignard*, Lille, Presses Universitaires du Septentrion, « Perspectives », 2008.

11 Nous empruntons cette expression au collectif *Inculte* qui signe l'article « Soustraction du sens », in Collectif, *Devenirs du roman*, Paris, Inculte, Naïve, 2007, p. 111-118.

Aussi ce commentaire se présente-t-il sous la forme de fragments, récusant la forme pleine, assurée d'elle-même. Mais c'est aussi au niveau des énoncés que l'on mesure à quel point le commentaire met en doute sa propre glose. L'exégèse subit constamment des amendements, intégrant dans la syntaxe de la phrase métadiscursive son autocritique.

Fragments de Lichtenberg s'apparente, par la voix auto-polémique qui la sous-tend, à ces fictions critiques dont parle Dominique Viart[12]. La figure de l'écrivain Lichtenberg et les auteurs fictifs qui entrent dans son sillage (selon Lichtenberg, selon Kiforgat, selon Senges) réfutent sans arrêt les formes fossilisées de l'écriture. Lichtenberg s'acharne à morceler son roman-fleuve en usant des moyens les plus extravagants, comme pour actualiser le fragment « Mettre la dernière main à son œuvre, c'est la brûler » (*FL*, 519). Il s'agit de jeter aux flammes des volumes entiers afin d'achever l'œuvre. Cette relecture de soi incendiaire et polémique est considérée comme un acte de « discernement » (522). Elle ne fait qu'accroître l'inachèvement de l'œuvre de Lichtenberg, la soustrayant aux notions d'authenticité et d'origine. En anamorphosant l'identité de la narration, en débridant les identités narratives, le texte conjure tout point de vue univoque. Il oppose à la signature de l'un les contre-signatures de nombreux autres qui postulent à nouveau frais la pluralité du sujet à l'origine de toute énonciation.

Grossi de ses auteurs apocryphes, Lichtenberg devient le double romanesque de l'écrivain contemporain : un écrivain mélancolique, témoin d'une crise d'autorité qui affecte son statut dans la littérature au présent, mais aussi un écrivain qui fait circuler par ses nombreuses contrefaçons la notion d'autorité, (se) réinventant une autorité seconde ou secondaire[13]. La réhabilitation de la satire participe de cette mise en circulation, c'est-à-dire de cette multiplication de l'autorité au point de la dissoudre. Si Senges use de ce genre, c'est pour en raviver le sens populaire de « mélanges de nourritures, ragoût ». Adepte des textes nourriciers[14], l'auteur inscrit ses *Fragments de Lichtenberg* dans une généalogie littéraire

12 Dominique Viart, « Les fictions critiques dans la littérature contemporaine », p. 30-46 in Matteo Majorano (dir.), *Le Goût du roman*, Bari, éditions B. A. Graphis, « Marges critiques-Margini critici », 2002.

13 Sur ce point, voir l'avant-propos d'Emmanuel Bouju au volume : Emmanuel Bouju (dir.), *L'Autorité en littérature*, Rennes, Presses Universitaires de Rennes, « Interférences », 2010, p. 7-16.

14 Entretien avec Guénaël Boutouillet au Lieu unique, septembre 2011.

de la satire, qui s'étend de Pétrone à Rabelais, de *La Satire Ménippée* à Swift. Le ton volontiers burlesque du livre fait de la polyphonie la pierre angulaire de ces micro-fictions. Non seulement les énonciateurs sont indénombrables dans *Fragments de Lichtenberg* mais ils ne cessent, qui plus est, de s'appuyer sur le discours d'un autre, qui vient dévoyer ou déplacer le discours propre.

Cette tension du récit vers la satire conçue comme bigarrure n'est pas seulement macro-structurelle. Elle informe l'énonciation elle-même qui ne cesse de se métisser, donnant voix à plusieurs locuteurs, plusieurs registres, plusieurs genres au sein d'une même phrase, d'un même fragment. À l'image de la *Reconstitution de* L'Arche de Noé, la phrase de Senges entend « embarquer beaucoup de monde[15] ». Il s'agit d'une phrase-univers, « une petite épopée, un catalogue de vaisseaux », pour reprendre les métaphores métalittéraires de l'auteur. Phrase avançant sur le modèle de la liste, progressant par épanorthoses et modalisations, renonçant au « mot juste » (*FL*, 549) pour mieux déplier l'éventail des possibles, pour ne pas avoir à choisir. La phrase encyclopédique de Pierre Senges s'enfle de multiples greffes, parenthèses, incises, tirets parfois plus volumineux que le corps de la phrase principale, annexe les marges, manière d'attirer l'attention sur le fait que les apostilles sont souvent plus importantes que les informations dites centrales.

Cette phrase circonspecte a ses emblèmes : la gibbosité de Lichtenberg en est un. Grâce à sa bosse, Lichtenberg apprend la prudence, accompagnant son pas en avant d'un pas en arrière, regardant toujours de droite à gauche et de biais. Ces figures décrivent la courbe des phrases qui tiennent ensemble une chose et son contraire, inversent dans leur mouvement dynamique le début et la fin de la phrase. Cette jointure des opposés, la réversibilité des valeurs au sein de la phrase, le goût des faux-semblants, la forme fractale du livre rappellent l'esthétique baroque à laquelle se réfère régulièrement Pierre Senges. Ces défis à la clôture syntaxique répètent le fantasme de l'inachèvement du discours et le refus corollaire de toute autorité.

La Reconstitution de Mouche en Dieu *par Kakehashi Tadao* est emblématique d'un tel mouvement circulaire contenant son propre éclatement, ramassant dans la forme finie de la phrase et du livre la promesse d'un infini. Cette reconstitution oxymorique, comme son titre l'indique,

15 Entretien avec Thierry Guichard, *Matricule des anges*, n° 92, avril 2008, p. 25.

narre « dans un huis-clos » « un repas funèbre » (*FL*, 544) offert par Lichtenberg se préparant à mourir dans son lit à l'étage au-dessus. Mise en abyme du livre hospitalier de Senges, ce festin hautement carnavalesque rejoue à sa manière la *Satire Ménippée*, en rassemblant toutes les figures croisées dans le livre. Il étoile également dans ses marges une défense et illustration fantaisiste de la « prose prosaïque » (547-548), variant encore la gamme des genres déjà diversifiées et poursuivant l'éclatement du sens du texte tant sur le plan de la mise en page que sur le plan du signifié. Ce qui est particulièrement intéressant dans cette séquence, c'est qu'elle a pour prétexte un nouveau fragment, qui n'est plus attribué à Lichtenberg, mais à Maître Eckart, le théologien : « Une mouche en Dieu est préférable à l'ange hors de Dieu » (549). S'opère ici un passage de relais énonciatif qui relance la ronde des gloses qui équivaut à l'aventure de la prose prosaïque chez Pierre Senges[16].

Ce que nous dit ce nouveau fragment, c'est qu'il existe toujours une parole surnuméraire qui résiste, survit, réclame une élucidation virtuellement infinie au moment où l'on croyait l'auteur Lichtenberg littéralement épuisé. La boucle semble se refermer là où elle s'était ouverte : sur l'ajout de syllabes supplémentaires dans la bouche d'un écrivain agonisant sur son lit de mort. Goethe n'aurait pas seulement voulu dire : « Mehr Licht » mais bien plutôt « Mehr Lichtenberg ». Cette correction inaugurale signale que la boucle des discours qui fabrique le sens et l'histoire ou l'histoire du sens ne se referme jamais totalement : toujours se greffe un nouveau nom, une hyperbate à l'échelle de la phrase, une nouvelle interprétation possible.

La somme de fausses pistes lancées à partir des fragments de Lichtenberg forme une œuvre-traître, une œuvre seconde de lecteur(s), qui profite singulièrement à l'auteur allemand. L'*hybris* des fictions d'auteur déployées dans ce livre-monstre modifie sensiblement la place de Lichtenberg dans l'histoire littéraire. C'est paradoxalement en congédiant toute forme d'autorité par la multiplication d'apocryphes que Senges

16 « La prose prosaïque lambine, se trompe, revient sur elle-même, se dédit, remâche, s'amuse de la redondance, s'autorise parfois des vocalises, piétine, sombre et raisonne. Parce qu'elle s'encanaille, jette sur le blanc de la page un regard concupiscent et non respectueux, la prose prosaïque est bien souvent la seule (à en croire Lichtenberg (Lichtenberg selon Kakehashi)) à donner la parole aux raisonnements, y compris les raisonnements les plus serrés, les plus maladifs. » (*FL*, 548)

redonne une autorité seconde – distanciée, autocritique – à un auteur qui en fut plus dépourvu que les maîtres des Lumières. Cet hommage récuse le sérieux de l'exercice et laisse ouverts le portrait et la pensée de Lichtenberg. Car Pierre Senges s'attribue lui aussi une autorité seconde, prorogeant le moment d'apposer sa signature, résistant à l'ordre et à la clôture.

Aurélie ADLER
Université de Picardie Jules Verne

DANS LA BIBLIOTHÈQUE, AVEC UNE CLÉ ANGLAISE

Enquête policière et enquête érudite dans l'œuvre de Pierre Senges

Traces de sang sur la moquette ou de rouges à lèvres sur la joue d'une victime, scènes de crime et balistique, cadavre à éliminer, indices dont on tire des biographies entières, escroquerie aux assurances vie, meurtriers, faussaires, suspects, témoins, légistes, et bien sûr enquêteurs, le folklore du roman policier est constamment convoqué dans les œuvres de Pierre Senges, qui cite ses sources comme à son habitude : on croise ainsi *Le Mystère de la chambre jaune* et *Les dix petits Nègres* dans les premières pages de *Veuves au maquillage* (*VM*, 18) et Sherlock Holmes dans la coda de *La Réfutation majeure* (*RM*, 230). La postface de ce dernier texte, qui cherche à déterminer l'auteur de la *Refutatio* qu'on vient de lire, se présente clairement sur le mode de l'enquête policière, qui s'offre « le plaisir de puiser dans la liste des auteurs suspects, en activité entre 1500 et 1530, et dépourvus d'alibis sérieux », car « le doute et le jeu des attributions » sont « comme des friandises (ou comme l'hésitation au-dessus des friandises) » (*RM*, 222). Élisabeth Nardout-Lafarge le souligne, Senges livre ici un pacte de lecture qui vaut pour tous ses livres et qui s'inspire bien du roman policier : « En comparant les aléas de l'érudition ancienne, et métaphoriquement les hésitations de toute lecture, aux "friandises" et au plaisir "d'hésiter" devant trop de tentations, Senges inscrit le passé lointain (et la littérature) sous le signe du jeu par la référence à l'enfance, mais aussi dans le vertige jubilatoire de la *libido scendi*[1] ». À la manière de Borges, Perec ou Eco, Senges joue à confondre le personnel et les méthodes de la littérature érudite et de la

1 Élisabeth Nadout-Lafarge, « "L'Hypothèse comme odyssée" : sur *La Réfutation majeure* de Pierre Senges », p. 89-103 in Barbara Havercroft, Pascal Michelucci et Pascal Riendeau (dir.), *Le Roman français de l'extrême contemporain : écritures, engagements, énonciations*, Québec, Nota Bene, 2010, p. 100.

littérature populaire, associant pratiques littéraires légitimes et coupables, sérieuses et ludiques. Si d'autres genres « friandises » alimentent aussi son imaginaire, du conte au roman d'espionnage en passant par le roman de cape et d'épée, le roman policier lui fournit une véritable matrice, en permettant une dramatisation du savoir par l'enquête. Certes, à la différence de *Six Problèmes pour Don Isidro Parodi*, *53 jours*, ou du *Nom de la rose*, aucun texte de Senges ne répond véritablement au schéma classique du récit policier qui « place à l'initiale une victime, à la finale un coupable ; tout l'intervalle [étant] accaparé par la figure active et captivante (c'est le cas de le dire) de l'enquêteur et du détective[2] ». Il reste que l'interprétation, la quête et la lutte, ces trois « axes narratifs et sémantiques » qui selon Jacques Dubois structurent le roman policier, organisent souvent les textes de Senges. Suivant la piste indiquée par Dubois, on verra que l'indicialité qui offre le monde à la description et au commentaire, la figure de l'enquêteur-lecteur qui fait de l'enquête une fin en soi, et la modalité de la lutte qui oppose coupable et détective ou plutôt auteur et philologue font apparaître quelques-unes des lignes de sens de l'œuvre, notamment dans son rapport à l'érudition.

L'INDICIALITÉ

De l'empreinte de doigt oubliée sur un verre de vin (*VM*, 18) aux lignes de la main soumises à la perspicacité des diseuses de bonne aventure (*RR*, 8-9), en passant par les récits avortés que Kafka abandonne dans son journal comme des silhouettes dessinées à la craie sur une scène de crime (*ES*, 9), les traces à déchiffrer abondent au sein de l'œuvre de Senges, et avec elles les absents – coupable enfui, futur insondable ou roman manquant – dont il faut reconstituer l'apparence à partir de restes ou de symboles. Quand *Veuves au maquillage* ou *La Réfutation majeure* nous donnent des mots pour un corps absent, celui d'un commis aux écritures ou celui de l'Amérique, ils vérifient les « deux lois irréfutables » énoncées par Senges au début d'*Études de silhouettes* :

2 Jacques Dubois, *Le Roman policier ou la modernité* [1992], Paris, Armand Colin, « Le texte à l'œuvre », 2005, p. 88.

« 1) la nature a horreur du vide, 2) notre désir de récit est impossible à rassasier » (*ES*, 9). Ces deux lois, dans leur corrélation, sont aussi celles qui expliquent le succès du roman policier, où un discours, celui de l'enquêteur, est toujours donné à la place de ce qui fait défaut – le mobile, le mode opératoire, le coupable voire le cadavre lui-même. Au vide répond alors l'accumulation : celle des indices d'abord et bientôt celle des preuves. Chez Senges, la pièce à conviction est bien souvent un texte, extirpé d'une bibliothèque ou mieux d'archives, en tout cas arraché au passé et à l'oubli. *La Réfutation majeure*, qui emprunte directement à la rhétorique judiciaire, en plus de multiplier les arguments *ad hominem*, recourt fréquemment à l'argument d'autorité, puisé de préférence dans un grimoire égaré, ou, si l'ouvrage peut se trouver aisément, dans le fouillis de son appareil critique. Plus la trace écrite est apparemment négligeable, marginale, plus elle semble constituer une caution solide. La postface invite ainsi « celui qui désire suivre la piste [de la Refutatio] ou satisfaire une curiosité de pourfendeur de complots » à consulter la note 67 de *Mythes, emblèmes et traces* de Ginzburg, ou encore l'index de *Christophe Colomb* de Soledad Estorach et Michel Lequenne (*RM*, 196). La fausse précision des renvois ne pourra que combler l'amateur de chasses aux trésors, surtout s'il aime la chasse pour la chasse.

Aller chercher dans le célèbre ouvrage de Ginzburg les traces de l'existence de la *Refutatio*, voilà bien entendu une indication surmotivée : il ne s'agit plus seulement de remonter la piste d'un livre, mais celle du geste même qui consiste à remonter une piste. Dans l'antépénultième chapitre de *Mythes, emblèmes et traces*, l'historien tente en effet de cerner l'émergence d'un paradigme indiciaire à la fin du XIXe siècle qui informe aussi bien le roman policier que la psychanalyse et l'histoire de l'art, tous trois en voie de constitution. « Dans les trois cas, explique Ginzburg, des traces même infinitésimales permettent de saisir une réalité plus profonde, impossible à atteindre autrement[3] ». En observant des indices, des symptômes ou des signes picturaux, Conan Doyle, Sigmund Freud et Giovanni Morelli proposent à cette époque « une méthode d'interprétation basée sur les écarts, sur les faits marginaux, considérés comme révélateurs. Ainsi des détails

3 Carlo Ginzburg, « Traces. Racines d'un paradigme indiciaire », p. 218-294 in *Mythes, emblèmes, traces. Morphologie et histoire* [1989], trad. M. Aymard *et alii*, nouvelle éd., Lagrasse, Verdier, « Morphologie et histoire », 2010, p. 230.

habituellement considérés comme sans importance, ou même triviaux et “bas”, fournissaient la clé pour accéder aux produits les plus élevés de l'esprit humain[4] ». On reconnaît ici notre chasseur à l'affût des marges du texte et des petits caractères des notes en bas de page. D'ailleurs, Ginzburg repérait dans la méthode qui unit Doyle, Freud et Morelli la survivance de l'art cynégétique, par lequel les hommes ont appris depuis la nuit des temps à interpréter des empreintes et des marques imperceptibles pour deviner l'allure et les déplacements d'une proie déjà enfuie. Si Ginzburg reconnaît dans le chasseur le premier détective, il en fait aussi le premier narrateur : « On peut ajouter que ces faits toujours disposés par l'observateur de manière à donner lieu à une séquence narrative, dont la formulation la plus simple pourrait être “quelqu'un est passé par là”. Peut-être l'idée même de la narration [...] est-elle née pour la première fois dans une société de chasseurs, de l'expérience du déchiffrement des traces[5]. »

La référence à Ginzburg, on le voit, est rien moins qu'hasardeuse : l'observation de traces négligeables, l'accumulation des indices, l'horreur du vide comblée par un récit, voilà autant de points communs entre la chasse et l'écriture selon Senges. À un détail près cependant : chez lui, il semble que l'enquête refuse d'aboutir, c'est-à-dire que l'observation et l'accumulation d'indices accouchent certes de longs discours mais qui échouent à se constituer en récit explicatif. À l'instar du commis aux écritures de *Veuves au maquillage* qui a « pris goût aux recherches, aux archives, aux fichiers de la police, aux chroniques judiciaires », les enquêteurs de Senges semblent davantage épris de l'investigation que de sa solution. Certainement faut-il voir dans cet art de la chasse inachevée, dans cet art de revenir bredouille, la description beaucoup plus générale d'une esthétique. « Un exercice un peu vain », qui louvoie pour définir le travail littéraire, ne saurait le suggérer plus clairement. Le texte fait d'ailleurs signe à nouveau vers la métaphore de la chasse de Ginzburg : l'exercice, écrit Senges, « devine la nature de la proie à mesure qu'il avance, sans jamais finir par l'attraper, parfaitement conscient de revenir bredouille, comptant seulement sur la lecture des traces et l'étendue de l'espace pour s'y perdre ; l'exercice est une chasse, l'épuisement des forces dans la course et la ressemblance progressive de

4 *Id.*, p. 232.
5 *Id.*, p. 243.

l'intelligence du chasseur à celle de sa proie[6] ». Le roman policier moins le récit : voilà qui définit bien l'art de Senges. La passion herméneutique ne s'achève pas en révélation finale, ni la collection des preuves en verdict. Au récit organisé et organisateur, le texte préfère la suite de fragments, ce qu'exhibent clairement la succession de paragraphes numérotés dans *Veuves au maquillage*, *L'Idiot ou les hommes de paroles* et *Zoophile contant fleurette*, l'herbier de *Ruines-de-Rome*, le bégaiement des incipit dans *Études de silhouettes*, ou encore les brefs chapitres et sections des autres textes. Pour le dire autrement, contre la syntaxe organisatrice du récit, Senges choisit la parataxe et ses effets de ruptures et d'inachèvement. Aussi l'action peut-elle se présenter sous la forme d'une liste : « [...] il y aurait des morts, des disparitions, des formules étranges, la servante y passerait peut-être, on la retrouverait dégrafée et morte, et le jeune homme sans nom aurait déjà disparu dans la nature. » (*ES*, 75), imagine Senges dans *Études de Silhouettes*, laissant au lecteur le soin d'opérer les liens et de compléter les blancs. Au lieu d'échafauder un récit dans la continuité en liant dramatiquement ses différents éléments, le texte construit des rapports paradigmatiques : le recours aux topoï dans ce cas particulier en témoigne, mais aussi plus généralement le choix du descriptif contre le narratif, comme dans la liste d'actions[7]. Ici encore Senges trouve une méthode pour laisser son texte ouvert et échapper à la progression et la clôture narratives.

Mieux que la description cependant, c'est la glose qui permet à Senges de briser la construction syntagmatique du récit et de relancer infiniment le texte. « À la lecture de certains textes, j'ai pu constater la monumentale supériorité du commentaire sur la narration », explique-t-il, avant de livrer son mode opératoire : « [...] ne pas décrire une situation, la commenter ; ne pas narrer, caricaturer sans se priver de nuances ; ne pas décrire un objet, le définir (exactitude et exagération) ; ne pas écrire un livre, le considérer comme déjà fait et composer dans ses marges[8]. » *Études de silhouettes* est particulièrement représentatif de la contamination du narratif par le commentaire : très souvent, au lieu de

6 Pierre Senges, « Un Exercice de style un peu vain », *La Nouvelle Revue française*, n° 591, octobre, 2009, p. 222-232 (p. 224).

7 Voir Philippe Hamon, *Du Descriptif* [1981], Paris, Hachette supérieur, « Recherches littéraires », 1993.

8 Pierre Senges, « Pierre Senges, fragile et d'aplomb », entretien avec Guénaël Boutouillet, *Remue.net*, 2004, URL : <http://remue.net/cont/Senges.html#1> (15 février 2013).

prolonger l'ébauche de récit proposée par Kafka, Senges en interroge le sens, en analyse les équivoques grammaticales ou en décline les possibles. Cette « glose palpitante[9] », comme il la nomme, qui retarde ou empêche la relation des faits, n'est en réalité pas tout à fait étrangère au roman policier. Dubois remarque en effet que la quête du détective peut prendre deux formes : celle d'un combat de l'enquêteur contre ceux qui entravent la recherche, mais aussi celle de la spéculation pure. Selon lui, dans le premier cas, le récit « régresse » vers le roman d'aventure qui multiplie les péripéties, et ce n'est que dans le second qu'il trouve sa « vocation haute » : « Dupin, Holmes ou Rouletabille visent à restreindre au seul effort mental des démarches qu'ils préfèrent mener à distance de l'objet d'enquête [...]. Dès le moment la quête se dépasse en interprétation, en travail de l'intellect, en méthodique déchiffrement des signes. Et le détective de se faire fin lecteur des codes les plus divers, sémiologue pour tout dire[10]. » Ainsi, les enquêteurs du roman policier classique s'adonnent souvent à des dérives interprétatives très insistantes, qui « dilatent l'indicialité du texte jusqu'à menacer parfois la linéarité du récit » et à se transformer en une véritable « hystérie interprétative[11] ». Cette autonomisation du commentaire au détriment du récit, qui fait de l'enquête une fin en soi et mine l'illusion référentielle, est loin d'être propre à Senges, ou à Borges et Perec avant lui : la figure de l'enquêteur en « monomane oublieux de tout ce qui ne concerne pas son enquête » et dont « la motivation profonde, [n'est] autre que le "désir d'enquête", la pulsion de chercher à l'état pur[12] » semble en effet être inscrite au principe même du roman policier.

9 Pierre Senges, « J'aime l'idée de glose palpitante », *Magazine littéraire*, 2010, URL : <http://www.magazine-litteraire.com/actualite/entretien/pierre-senges-j-aime-idee-glose-palpitante-07-04-2010-33675>.

10 Jacques Dubois, *Le Roman policier ou la modernité*, *op. cit.*, p. 89.

11 *Id.*, p. 130.

12 Isabelle Dangy-Scaillierez, *L'Énigme criminelle dans les romans de Georges Perec*, Paris, Honoré Champion éditeur, « Littérature de notre siècle », 2002, p. 94-95.

FIGURES DE L'ENQUÊTEUR, FIGURES DE L'ÉRUDIT

Si l'enquêteur est un glossateur intarissable c'est parce qu'avant toute chose il est un lecteur invétéré : pour lui tout fait signe. Ginzburg comme Dubois insistent sur le fait que le chasseur-détective lit, déchiffre des traces, exerce dans l'enquête son expertise sémiotique[13]. On ne s'étonnera pas alors que les personnages de lecteurs chez Senges endossent à leur tour si aisément les habits de l'enquêteur : c'est une véritable horde « d'érudits omnivores et omnipotents, de compilateurs, d'encyclopédistes, d'hommes curieux et de bibliophiles » (*RM*, 222) que l'œuvre de Senges donne à voir en quête de livres comme de pièces à conviction, ou de signes de ponctuation comme de preuves. La métaphore est filée de manière particulièrement insistante dans *Études de silhouettes*, dont le titre associe herméneutique et analyse d'une scène de crime, et où elle s'épanouit d'autant mieux que les ébauches des textes de Kafka font régulièrement appel aux codes et au personnel du roman policier. Ainsi, à la suite d'une des mystérieuses accroches de Kafka, « La porte s'entrebâilla. Un revolver apparut au bout d'un bras tendu », Senges déporte une fois de plus le suspense de l'action vers le commentaire – grammatical ici –, associant on ne peut plus explicitement le lecteur et le détective :

> Plus malin que les autres, un détective d'allure fougueuse comme on en voit dans quelques livres a fait remarquer la présence d'un point à peine visible entre la proposition *la porte s'entrebâilla* et la proposition *un revolver apparut* soulignant que rien, ni la logique, ni la grammaire, ni nos paresseuses habitudes de lecteurs de romans policiers ne nous permet d'établir un lien *a priori* existant entre *porte* et *revolver*, ou *bâillement* et *bras tendu* [...]. (*ES*, 24)

Ce personnage « d'allure fougueuse » n'est d'ailleurs pas sans rappeler un des quatre grands types de détectives que repère Dubois dans l'histoire du roman policier, et qu'il nomme le « surhomme », toujours capable de faire aboutir une enquête parce qu'il voit ce que le commun des hommes ignore, et parce qu'il déchiffre ce qui reste une énigme insoluble pour tout

13 Carlo Ginzburg, « Traces. Racines d'un paradigme indiciaire », *op. cit.*, p. 244, et Jacques Dubois, *Le Roman policier ou la modernité*, *op. cit.*, p. 100.

autre. Comme le « surhomme », d'ailleurs, ceux que Dubois nomme le « médiateur », ce passeur qui pénètre tous les lieux et milieux en vertu des pouvoirs qui lui sont conférés, le « flâneur », un « glouton optique et sémiotique », et le dandy, « homme sans descendance et sans territoire[14] », offrent autant de types du lecteur qui animent le petit théâtre des personnages d'érudits mis en scène par Senges. Si le surhomme, dont Dubois fait l'héritier des origines du roman policier, placées sous les auspices du positivisme, accumule les documents et les commentaires à partir desquels il élabore un savoir incontestable, il n'est jamais loin de se transformer en un dandy qui, lui, embrasse une quête un peu vaine : « solitaire (il s'enferme dans sa démarche) et stérile (ce qu'il produit – si peu – lui est totalement extérieur), il symbolise une grande et belle machine qui tourne sur elle-même »[15]. Tel est le destin qui menace notre fougueux grammairien, qui ne manquera pas de s'éprendre de ses recherches, de perdre de vue son objectif et tout contact avec un référent. D'ailleurs, le propre du détective comme de l'érudit semble résider dans cette ambivalence, dans ce retournement constant du positif en négatif, et inversement : le dandy affecte un détachement que trahit son engagement obsessionnel et solipsiste (Holmes), le médiateur est un représentant de la loi qui n'hésite pas à l'enfreindre (inspecteur Harry), et le flâneur un faux indolent aussi efficace qu'il semble désœuvré et sot (Colombo), de même l'érudit s'enferme dans une recherche qui n'intéresse que lui, il ne cesse de trahir le savoir auquel il se voue en ne cherchant pas d'aboutissement à sa recherche, et bien souvent il prend les traits d'un inadapté et d'un asocial, au fond faible d'esprit.

Environs et mesures livre un véritable catalogue de ces figures ambivalentes de l'érudit. Prolongeant *La Réfutation majeure* sur un mode essayistique, il interroge les motivations de ceux qui se sont donné pour tâche de localiser l'emplacement réel de grands lieux de la littérature, depuis l'Eldorado et l'Atlantide, jusqu'à l'île de Calypso et la bourgade où s'enracinent les aventures de Don Quichotte. Ces lecteurs sont des lecteurs de romans policiers avant l'heure, suggère Senges, qui ne peuvent s'empêcher de voir en Cervantès un auteur qui « ménage son suspense, puisque le roman à énigme suppose des zones d'ombres » (*EM*, 12), et sont tout prêts à s'improviser détectives. Les premières pages d'*Environs et mesures* nous présentent le concile, aussi grotesque qu'invraisemblable, « des philologues, des urbanistes, des

14 Jacques Dubois, *Le Roman policier ou la modernité*, *op. cit.*, p. 103.
15 *Ibidem.*

historiens, des sociologues, peut-être un expert en psychose hallucinatoire, un zoologue spécialisé dans le pas du cheval » (14), jeté aux trousses de Don Quichotte et de sa bourgade, et se demandent : « pourquoi dix savants financés par les universités et les Conseils ont travaillé plus de vingt mois pour assigner un nom à ce qui n'en a jamais eu, un patelin appartenant à une pure façon de parler » (15). Les réponses envisagées ne sont apparemment guère flatteuses : il y aurait là un réflexe de monarque habitué aux lettres de cachet et aux abus de pouvoir, une marotte austère de comptable, ou encore le geste d'un bourgeois qui « souhaite rabattre la joie des naïfs » (17). Ces représentations de l'érudition en mère des cuistres pour qui le savoir est un instrument de domination et d'exclusion, en protectrice des frileux dont le sérieux excessif et mortifère tue l'imagination, semblent d'abord reconduire des récriminations anciennes : celles des mondains tournés vers l'éloquence et le divertissement qui accusaient les doctes d'être d'assommants radoteurs[16], celles des philosophes des Lumières qui mettaient en avant la pensée contre la reproduction servile et exhaustive des faits[17], ou encore celles des romantiques dénigrant, comme Victor Hugo dans « L'Âne », les « érudits poussifs » et les « rhéteurs fourbus », ennemis du génie et de l'invention, enfermés dans leur bibliothèque comme dans une nécropole[18]. Bien vite cependant, cette incapacité à l'abstraction de l'homme, qui reste malgré tout « un gardien de cochons, une épaisseur de créature », est déclarée « touchante » (69). Ce portrait de celui qui s'échina à localiser l'île de Calypso en témoigne :

> Rien de sec chez des savants de bibliothèque comme ce Victor Bérard [...]. Il suffit de lire trois chapitres des *Navigations d'Ulysse* pour comprendre qu'on n'a jamais affaire à ce positivisme de guichetier des postes françaises aux colonies, mais au plus universel, au plus œcuménique des syncrétismes, un syncrétisme de sorcier, de chaman, de charlatan, de lecteur, d'excentrique, de métis, de philologue allemand, de géographe et de professeur érudit pâlichon frileux en gilet dans sa bibliothèque. (*EM*, 81)

Reste qu'une distinction s'opère au fil des œuvres entre une figure de savant, appartenant à la loi et au pouvoir, et un certain type d'érudit

16 Voir Alain Viala, *Naissance de l'écrivain. Sociologie de la littérature à l'âge classique*, Paris, Minuit, 1985.

17 Voir Nathalie Piégay-Gros, *L'Érudition imaginaire*, Genève, Droz, 2009, p. 43.

18 Voir le commentaire de Nathalie Piégay-Gros sur le poème « L'Âne » de Victor Hugo dans *L'Érudition imaginaire*, *op. cit.*, p. 13 et suivantes.

dont la passion le rend à la fois marginal et irrécupérable. Comme l'a souligné Audrey Camus, Senges développe une véritable « éthique de l'idiotie[19] » que *L'Idiot et les hommes de paroles* est venue rendre particulièrement évidente. Cette éthique, qui rejette la posture savante sans répudier l'érudition, mise sur l'idiot contre le pédant, l'ahuri contre le « docteur de Sorbonne » (*IH*, 228), et choisit plutôt l'illégitimité et l'impuissance. Cette critique d'un certain intellectualisme, que Camus associe à la tradition ménippéenne, n'a donc pas pour visée « de refuser le savoir mais d'adopter une attitude critique et ludique à son égard[20] ». Ainsi, au détective surhumain, l'œuvre de Senges préfère tout de même le flâneur en glouton sémiotique ou le dandy solitaire et stérile, contre l'universitaire elle choisit l'idiot, contre le positiviste, le collectionneur, et contre l'accumulation qui se croit progrès et le récit qui se veut explicatif, elle prend le parti de l'âne de Victor Hugo et de son rire.

L'AUTEUR DU CRIME ET SON JUGE

Comme dans le roman policier qui oppose de façon binaire victime et criminel, puis criminel et détective, l'œuvre de Senges multiplie les suspects et les détectives, les coupables et les juges, et répète les références aux procédures d'incrimination et aux salles d'audience de sorte à entretenir un climat de suspicion et de lutte qui est un des ressorts du suspense. Chez Senges, toutefois, le juge comme détenteur de la vérité ou le détective quand il se fait le suppôt du juge, sont souvent des personnages risibles. Or il faut bien dire que ces rôles d'inquisiteurs pédants échoient souvent aux savants, philologues ou herméneutes, qui font de l'explication des textes leur spécialité. En face de ces lecteurs professionnels, c'est alors l'auteur qui se retrouve dans le box des accusés. *La Réfutation majeure* met en scène de façon particulièrement évidente cette lutte entre suspect et accusateur, aussi bien dans la *Refutatio* elle-même qui traque l'auteur du mensonge que constitue l'invention de

19 Audrey Camus, « Une Éthique de l'idiotie : l'œuvre de Pierre Senges », p. 169-179 in Marc Dambre et Richard J. Golsan (dir.), *L'Exception et la France contemporaine. Histoire, imaginaire, littérature*, Paris, Presses Sorbonne Nouvelle, 2010.

20 *Id.*, note 1, p. 177.

l'Amérique, que dans la postface qui tente d'identifier celui qui s'est rendu responsable de cette *Refutatio*. Dans un cas comme dans l'autre, il s'agit clairement d'identifier un « coupable » (*RM*, p. 204) : « dépourvu d'alibis » (222) et contre lequel on monte un dossier de « preuves à charge » (201). Dans la postface, les méthodes d'attribution de la *Refutatio* sont celles d'un détective : les sous-titres en témoignent, en faisant s'enchaîner « reconstitution » des faits (197), tentatives d'« attribution » (200), et formulations d'une « hypothèse » (226). La chose est d'ailleurs énoncée explicitement : la date de décès de Vespucci le disculpe d'avoir écrit la *Refutatio* ? Qu'à cela ne tienne, « le roman policier nous a appris à rester méfiants en présence d'un cadavre, surtout si à côté du cadavre se tient une veuve et entre les deux une pension de veuvage de 10 000 maravédis par an – l'escroquerie aux assurances vie connaît ici un lointain précédent » (205). Si le rapprochement sert une dramatisation ludique de l'enquête, il signifie aussi cela : que le philologue et le policier semblent bien faire le même métier. Tous deux partent du principe que tout suspect (auteur) est un menteur, et c'est par l'élucidation de son mobile (intention) et la découverte d'empreintes (signature) qui le trahiront qu'ils comptent le confondre. De même, quand l'herméneute explique une œuvre, ne procède-t-il pas à la manière de l'enquêteur pour qui il faut faire parler l'auteur du crime malgré lui, en décryptant les implicites de son témoignage ? Quant à l'historien positiviste qui accumule des faits sur un auteur, ne cherche-t-il pas à identifier un profil type, un style propre, une esthétique singulière, mais aussi des intentions signant chacune des œuvres commises ? Le singe Percival lui-même, dont Samuel McIntosh, docteur en probabilité et comportement animal, a décidé de faire un auteur et auquel il prête toutes les postures consacrées de l'écrivain, « a des intentions » (*AP*, 65).

À travers ces figures de philologues en quête d'auteur, d'herméneutes obnubilés par l'intention et d'historiens positivistes, un autre aspect de l'enquête se manifeste clairement : elle n'est pas seulement outil de savoir, mais peut se faire, comme le rappelait Foucault[21], instrument du pouvoir. L'œuvre de Senges suggère alors plusieurs stratagèmes à l'auteur, déjà coupable, pour échapper à ces « curieux venus fouiller [son] intimité » (*RR*, 7), et déjouer cette inquisition qui semble être un exercice

21 Voir Michel Foucault, « La Vérité et les formes juridiques », p. 538-645, in *Dits et écrits*, tome II [1970-1975], Paris, Gallimard, « Bibliothèque des Sciences Humaines », 1994.

de domination. Le premier stratagème est d'opter pour l'anonymat, comme l'auteur de la *Refutatio* dont le ton parodiquement encomiastique ne fait que rendre plus manifeste son dédain pour l'autorité et le pouvoir, abandonnés sans regret à Charles Ier de Gand qui s'en empare comme d'une « tranche d'ananas » (*RM*, 9). Une autre ruse consiste à écrire à plusieurs mains. C'est ce que fait le commis aux écritures de *Veuves au maquillage*, qui fait appel à ses veuves pour prendre en note et réécrire ses textes. Évidemment, on peut douter de l'existence des veuves, comme lui-même le fait d'ailleurs, qui semble relever du jeu de mots : les veuves sont lettrées nous dit-on, on pourrait ajouter qu'elles ne sont peut-être que des lettres, des syllabes ou des lignes, des êtres de papier en tout cas, comme leurs surnoms le laissent croire (la veuve accentuée, muette, brève, longue, morte). Reste qu'en figurant cet auteur multiple, *Veuves au maquillage* suggère une excellente méthode pour compliquer le travail du philologue rompu à identifier la singularité d'une intention ou d'un style. Enfin, le faussaire, en produisant des contrefaçons, saura utilement brouiller les pistes. La plupart des œuvres de Senges mettent en scène de tels truqueurs : le greffier de *Veuves au maquillage*, l'employé du cadastre de *Ruines-de-Rome*, Guevara lui-même dans *La Réfutation majeure*, etc. Ces auteurs anonymes, multiples ou faussaires, en refusant le principe d'identité, en renonçant à leur titre, retirent à une certaine inquisition critique le socle même sur lequel elle a bâti toute son entreprise. Comme le rappelle Compagnon[22], la notion d'auteur est bien au fondement des critiques philologique, positiviste et historiciste, qui constituent plus d'une fois les cibles de Senges. Dans « Un exercice un peu vain », ce dernier déclare plutôt sa flamme au formalisme, qui redirige l'attention vers le texte et le lecteur comme nouveaux foyers du sens. À la notion de « style » est préférée celle de « forme » et à l'immobilité de « certaines paroles de juges, qui donnent raison à la loi » la mobilité de « l'interprétation de la loi[23] » :

> Alors soit, j'accepte d'avoir un style comme j'accepte d'avoir ma tête et mon allure, bon an mal an, tant bien que mal, pour le meilleur et pour le pire : j'accepte de ne pas être confondu avec mon voisin [...]. Le style, ce sera la forme de mes écritures – et aucun être vivant sur terre, aucun Dieu théorique

22 Antoine Compagnon, *Le Démon de la théorie : littérature et sens commun*, Paris, Seuil, « Points/Essais », 1998, p. 50 et suivantes.

23 Pierre Senges, « Un Exercice de style un peu vain », *op. cit.*, p. 224.

> ou redouté, aucun raisonnement, ne pourra jamais retirer la forme d'une écriture, ce serait vouloir retirer la noirceur de la couleur noire ; s'il le faut, j'irai dans la Russie sainte de 1900 prête à basculer dans les Soviets sans électricité, ni poêle, ni bois, ni charbon (et y basculant) [...] pour réhabiliter une fois de plus le Formalisme [...] j'en reviendrai intraitable, rempli de cette conviction, et montrerai à mon retour, à des ignares parlant de transparence et de réalité, les détails de l'*Enlèvement de Proserpine* par le Bernin : désignerai l'endroit précis où les doigts du dieu creusent la chair de la déesse, disant la suprématie de la forme sur toutes les prétentions, en tous cas sur le concert des grenouilles qui s'acharnent encore à savoir quoi du sens, quoi du son, l'emporte sur l'autre[24].

Senges puise ainsi ses figures à même l'histoire de la critique littéraire. D'un texte à l'autre, se dessinent des partis pris : contre l'autorité des savants et pour l'érudition comme art de revenir bredouille, mais aussi plus spécifiquement contre les approches traditionnelles vouées à associer vie et œuvre, texte et contexte, et pour une théorie littéraire plus moderniste, libérée de la référentialité et selon laquelle le fond ne vient pas sans la forme. Le projet littéraire de Senges fait évidemment signe non seulement vers les formalistes russes mais aussi vers les tenants de la théorie qui s'en sont inspiré. Son travail de sape du principe d'autorité ne peut que rappeler les fameux textes de Barthes et Foucault sur « La mort de l'auteur[25] » et la « fonction-auteur[26] ». De même, sa pratique érudite, qui procède d'une imagination en délire et pointe vers la fiction et le fantastique, fait écho aux analyses de Foucault et de Genette sur Flaubert et Borges[27]. Cette érudition se fait alors subversive, aiguillon du doute et de la rêverie plutôt que de la certitude et du réalisme. Ainsi, si Senges apparaît, comme l'enquêteur, toujours penché sur un passé qu'il travaille à faire revivre, il engage dans cette reconstitution, comme l'enquêteur encore, toute son imagination et sa créativité. Son œuvre invente la mémoire, fait de l'érudition un terrain pour l'imaginaire, et en cela s'apparente à ce que la critique actuelle a parfois décrit sous les

24 *Id.*, p. 227.

25 Roland Barthes, « La Mort de l'auteur » [1968], p. 61-67 in *Le Bruissement de la langue. Essais critiques IV*, Paris, Seuil, 1984.

26 Michel Foucault, « Qu'est-ce qu'un auteur ? » [1969], p. 789-821 in *Dits et écrits*, tome I [1954-1969], Paris, Gallimard, « Bibliothèque des Sciences Humaines », 1994.

27 Gérard Genette, « L'Utopie littéraire » [1966], p. 123-132 in *Figures I*, Paris, Seuil, « Points/Essais », 1976 ; Michel Foucault, « La Bibliothèque fantastique », p. 293-325 in *Dits et écrits*, tome I, *op. cit.*

noms de « fictions archéologiques » ou d'« essais-mémoires[28] ». Aussi, contre ceux qui s'inquièteraient de voir la littérature contemporaine ainsi tournée vers le passé et sa relecture, l'écrivain peut-il répondre : « ni l'alexandrinisme ni la scolastique (le commentaire sur le commentaire du commentaire) ne sont forcément un écueil [...] il y a une part de mort dans l'autocontemplation et l'autocommentaire. Je crois cependant possible de recycler un patrimoine de manière très dynamique[29] ».

Mathilde BARRABAND
Université du Québec
à Trois-Rivières

---

28 Voir respectivement : Marielle Macé, *Le Temps de l'essai : histoire d'un genre en France au XXe siècle*, Paris, Belin, « L'extrême contemporain », 2006, p. 289 ; Dominique Viart, Bruno Vercier, avec la collab. de Franck Evrard, *La Littérature française au présent*, Paris, Bordas, 2005, p. 267. Sur les notions d'invention de la mémoire et d'érudition imaginaire dans le contemporain, voir : Laurent Demanze, *Gérard Macé : l'invention de la mémoire*, Paris, Corti, « Les essais », 2009 et Nathalie Piégay-Gros, *L'Érudition imaginaire*, *op. cit.*

29 Pierre Senges, « Faim de la littérature », entretien avec Arno Bertina, Pierre Senges et Tanguy Viel réalisé par Laurent Demanze, p. 251-270, in Laurent Demanze et Dominique Viart (dir.), *Fins de la littérature : esthétiques et discours de la fin*, tome I, Paris, Armand Colin, « Recherches », 2012, p. 260.

VARIATIONS CONTRAINTES

« Comment Louis Armstrong a-t-il joué un fa naturel plutôt qu'un fa dièse à la treizième mesure de tel chorus… », c'est pour répondre à ce type de questions techniques que le compositeur et violoniste André Hodeir est passé à l'écriture avant de devenir romancier[1]. On est tenté de se demander si Pierre Senges, qui a pratiqué la musique et a même envisagé d'en faire son métier, ne s'est pas lancé un défi du même ordre, à moins que le défi ne s'adresse au lecteur, sous forme d'une mise en garde :

> La tierce mineure n'a pas d'équivalent en littérature, ni l'accord de septième de dominante, ni la barre de reprise, ni le mode mixolydien joué sur le triton de l'accord […]. Bien sûr, il est toujours possible d'associer métaphoriquement littérature et musique […] mais ces métaphores ne doivent pas nous autoriser la paresse d'esprit, qui consiste à poser une fois pour toutes des équivalences sans les interroger[2].

On se gardera donc d'établir des équivalences abusives entre musique et littérature, mais il se trouve que le terme de « variation » est usité, et même usé, en critique littéraire. J'ai eu envie d'essayer de le revitaliser en le prenant à la lettre, et de me demander si la variation en musique (qui peut être d'ordre mélodique, rythmique, harmonique…) pouvait avoir un sens utilisable pour le lecteur de littérature. Et employer le terme de « contraintes » implique de tenter de montrer que les variations ne sont pas forcément aléatoires, comme on le croit parfois, et d'interroger l'ordre du texte, la nature du lien entre les variations, voire le rapport au hors-texte. Pour cela, j'ai choisi de relire *Sort l'assassin, entre le spectre*[3], mais d'autres textes s'y prêteraient aussi bien, en particulier *Fragments*

---

1 André Hodeir, « Un peu de piano préparé littéraire », in Alain Galliari (dir.), *Six musiciens en quête d'auteur*, Isles-lès-Villenoy, Éditions Pro Musica, 1991, p. 54.

2 Pierre Senges, « Rien de commun, rien de rien », in "Pierre Senges, fragile et d'aplomb", dossier préparé par Guénaël Boutouillet, remue.net, 25 mars 2004, http://remue.net/cont/Senges.html [consulté le 11 avril 2016].

3 Pierre Senges, *Sort l'assassin, entre le spectre*, Paris, Gallimard, « Verticales », 2006.

de Lichtenberg[4]. Le mot « contraint » figure dans le texte, ce sont les « gestes contraints » que n'effectue qu'à moitié le roi-comédien (*SA*, 10) : à entendre comme une *légende* de la forme, la liberté autorisée qui se cogne aux limites du genre ou de la langue, de même que le *« pays visible par les meurtrières »* (11) métaphorise le découpage du possible par les bornes formelles. « Contraint » est donc à démarquer du terme employé par Philippe Hamon, « un discours contraint », pour désigner le roman réaliste[5] : il s'agit bien plutôt de la productivité d'une contrainte textuelle, même si elle n'est pas de type oulipien.

Sur la genèse de son texte, l'auteur précise :

> *Sort l'assassin, entre le spectre* est venu un matin où j'imaginais quelqu'un qui savait être Macbeth mais ignorait s'il était le roi ou le comédien qui joue Macbeth. J'ai voulu écrire trois pages pour m'exercer, c'est mon héritage de la musique : je fais mes gammes tous les jours. Or, il se trouve que j'ai eu beaucoup de matière : le sujet a été plus généreux que je ne pensais. J'ai d'abord improvisé sur le thème au fil de la plume, puis ensuite j'ai relu *Macbeth* et je me suis rendu compte que ça marchait bien. J'ai travaillé ensuite l'aspect plus ou moins politique du livre[6].

Le titre est comme une didascalie de théâtre[7], et de fait le narrateur, dès le début, se définit comme lié au théâtre : *« J'ai été Macbeth – je le sais, j'ai été Macbeth »* (*SA*, 9) : comme il est improbable que ce soit le roi d'Écosse qui parle, nous pensons d'emblée avoir affaire à un comédien qui a joué le rôle. Or, cette première évidence est rapidement brouillée : et jusqu'à la fin il sera incertain si le « Je » est un comédien ou le personnage historique / le personnage de Shakespeare (ces deux dernières instances étant plus ou moins confondues). Donc d'emblée le lecteur est confronté à deux variables (pas encore des variations) : un

---

4 Je me permets de renvoyer à Anne Roche, « Ironie pour endurer la saison froide » (sur *Fragments de Lichtenberg* de Pierre Senges), in D. Alexandre et P. Schoentjes (dir.), *L'Ironie : formes et enjeux d'une écriture contemporaine*, Paris, Classiques Garnier, 2013, p. 179-192.

5 Philippe Hamon, « Un Discours contraint » in Roland Barthes *et alii, Littérature et réalité*, Paris, Éditions du Seuil, 1982.

6 Pierre Senges, « Rire baroque », propos recueillis par Thierry Guichard, *Le Matricule des Anges*, n° 92, avril 2008, p. 26.

7 Dans la pièce de Shakespeare, Acte III, scène IV, deux didascalies distinctes : « Sort l'assassin » [il s'agit de l'assassin de Banquo], suivent trois répliques [Lady Macbeth, Macbeth, Lenox] puis la deuxième didascalie : « Entre le spectre de Banquo ». Les trois répliques intercalées peuvent permettre au comédien-assassin, en coulisses, de s'habiller en spectre.

brouillage générique entre théâtre et roman, un brouillage identitaire sur l'énonciateur.

Dans la « didascalie » du titre, la syntaxe invite à voir une relation d'équivalence. Comme dans les troupes de théâtre fauchées où un même comédien joue plusieurs rôles, l'assassin et le spectre ne font peut-être qu'un, le poids de réalité positive que comporte le terme « assassin » se trouve déréalisé par la proximité (ou la confusion) d'avec le spectre. Or cette question du réel (du hors-texte) ne cessera de revenir, mais toujours affectée d'un coefficient de doute : « [...] la question ne s'est jamais posée pour les compositeurs de quatuors, heureux hommes préoccupés seulement par le crin des archets[8]. » En une sorte de ruban de Moebius, le roi prend conscience de ce qu'il ne règne que sur des apparences, tandis que le comédien prend conscience du poids du réel. Symétrie, mais aussi inversion : il y a ici changement de mode (du majeur ou mineur, je ne déciderai pas lequel est lequel) sinon de quantité ou de tempo. Or le « réel » (« il est un véritable roi cerné de véritables ministres », (*SA*, 12) n'est qu'une fiction de plus. Pour pasticher une des définitions de Lacan (le réel, c'est ce qui fait peur) on dira : le réel, c'est ce à quoi les musiciens n'ont pas affaire – et ce à quoi l'écrivain va s'efforcer de ne pas avoir affaire.

Mais s'y efforce-t-il vraiment ?

> Comme mes lectures ont beaucoup été baroques, c'est vrai que ces questions du vrai et du faux qui prédominent dans la littérature baroque me préoccupent. C'est un des sujets très importants de la littérature ou du théâtre. C'est une question primordiale parce qu'elle détermine notre rapport au réel, notre crédulité, notre confiance, notre foi. C'est une question qui touche à la problématique de la religion, de la politique, notre attitude par rapport aux médias, aux images. Même si je ne veux pas en parler, la question du vrai et du faux me saute à la figure comme si je me recognais toujours à elle[9].

De fait, si le *thème* est donné à la première ligne du texte (« *J'ai été Macbeth – je le sais* » *SA*, 9), chaque élément fera l'objet de plusieurs variations, dont l'ensemble le plus visible est celui qui dérive de l'unité « Macbeth », mais les syntagmes « J'ai été » et « Je le sais » donneront lieu respectivement à toutes les hésitations sur l'identité (être ou ne pas

8 Pierre Senges, « Alice ou les effets de réel », in Audrey Camus et Rachel Bouvet (dir.), *Topographies romanesques*, Rennes, Presses Universitaires de Rennes, 2011, p. 25.

9 Pierre Senges, « Rire baroque », *op. cit.*, p. 24.

être, comme dit l'autre) et à toutes les incertitudes sur ce qu'il en est de *savoir.*

On distinguera deux *Je* : celui qu'on va appeler « le Macbeth », le premier à prendre la parole, et un *Je* de régie, qui dialogue avec le précédent et qu'on va appeler le narrateur. Affectant de démêler entre les « deux corps du roi », le vrai et le faux, le *Je* de régie va successivement proposer une série de variations, tout d'abord sur des indices censés déterminer à qui on a affaire, mais ces indices se révèlent indécidables : la peau de chat à la place de l'hermine, c'est peut-être la preuve qu'on est dans le faux, dans le théâtre, mais « peut-être aussi la preuve que mon royaume, un vrai royaume de vrai roi, n'était pas aussi brillant qu'on voulait bien le prétendre » (*SA*, 23). Les témoins sont discrédités ou morts (24-26), Banquo, flageolant fantôme, ne donne pas à son meurtrier (il serait rancunier ?) la satisfaction d'une définition précise (37-39), l'assassin pressenti propose de tuer indifféremment le roi ou le comédien (41-42). Quand arrivent les sorcières (43-47), on espère en tirer plus d'informations, mais la variation prend ici un aspect particulièrement frustrant pour le Macbeth, comique pour le lecteur : les sorcières usent de rimes grotesques jusqu'à ce que le Macbeth exaspéré les prie de ne pas répondre *Goule, foule, Istambul* (45). Ici le texte procède à une transtylisation de type carnavalesque : la scène censée effrayante est démystifiée par le Macbeth : « je ne fréquente pas si souvent les sorcières, la proximité des marais m'ennuie avant de m'enrhumer et m'enrhume avant de m'épouvanter » (45). Et comme souvent chez Senges, le discours s'expanse en rimes riches et en mots étranges, qui empruntent à des registres variés. Par exemple, quand les sorcières chantent *Fastes, gastes, cataplastes* : le terme *fastes* n'est pas déconcertant, *gastes* appartient au français médiéval et désigne les terres en friche, désertées, quant à *cataplastes*, Google, après avoir d'abord proposé *cataplasme*, oriente la recherche vers les jeux vidéos : on trouve sur Cartographia Caxilis que « l'Adeptus Ministorum entretient des temples dédiés à Saint Uthur le cataplaste », ce mélange de médiéval et de *new age* contrastant avec la modernité du support. C'est dire que l'auteur joue non seulement avec les registres de langage comme dans *Fragments de Lichtenberg*, mais puise dans les lexiques exotiques ou désuets, en particulier pour les noms propres : « J'aime beaucoup utiliser les noms propres comme des taches de couleur, des motifs, des objets. Quand on cite un nom de ville comme Calcutta, Samarcande ou Trébizonde, si on n'y a jamais mis les pieds, ce nom apparaît comme une tache de couleur. Ces noms sont d'autant plus évocateurs qu'ils correspondent à un endroit de notre ignorance[10]. » On pourrait avancer que le mot étrange, qui accroche notre attention, serait l'équivalent d'une altération accidentelle, qui introduit une micro-variation dans une tonalité donnée. Enfin, après les sorcières, intervient Lady Macbeth (48-53) qui joue le principe de réalité, ou la tête de mort des Vanités baroques[11] : suit un renversement, après la Vanité surgit au contraire tout le lexique du faste : *prestance, luxe, briller, fanfaron, brocarts, trésor, couronne*, et même toute-puissance : « [...] à ses ordres, il neige. » (54-55).

Cette rapide présentation des différentes variations permet déjà d'en repérer plusieurs formes : le renversement, l'altération, le retour ou la répétition, l'accumulation, la digression. Examinons-les de plus près.

En premier lieu, le renversement. En harmonie, un accord renversé est un accord dont la note de basse n'est pas la fondamentale : les notes y sont les mêmes que dans l'accord parfait, mais dans un ordre différent. Dans une fugue, une ligne mélodique donnée peut être renversée, la succession des notes étant inversée ou rompue. En littérature, le renversement est à l'origine des figures carnavalesques comme la ménippée, et Senges en fait un fréquent usage : « Le procédé du renversement, par exemple dans *Essais fragiles d'aplomb*, n'est pas simplement de l'ordre du mensonge, il est le moyen de parcourir une histoire bien connue en sens inverse, ce qui nous la dévoile sous d'autres perspectives : Tout est exact, de dos[12]. ». C'est ce qu'a bien montré Audrey Camus dans son article « Une éthique de l'idiotie : l'œuvre de Pierre Senges[13] ». Le renversement est ici doublement inscrit : à la fois dans la permutation infinie des rôles (le roi et le comédien) et à chaque micro-niveau des énoncés, on peut ouvrir le livre presque au hasard : « [...] la chevelure d'Écosse, le nom sur les affiches, les butins de guerre, l'amour du public [...]. » (*SA*, 55), énumération qui juxtapose des bribes de destins contraires.

10 *Ibid.*, p. 27.

11 Voir Walter Benjamin, *Origine du drame baroque allemand*, trad. Sibylle Muller, Paris, Champs Flammarion, 1985.

12 Pierre Senges, « Tout exact, de dos », dossier préparé par Guénaël Boutouillet déjà cité.

13 Audrey Camus, « Une éthique de l'idiotie : l'œuvre de Pierre Senges », in Marc Dambre et Richard J. Golsan (dir.), *L'Exception et la France contemporaine : histoire, imaginaire, littérature*, Paris, Presses de la Sorbonne Nouvelle, 2010, p. 169-179.

Autre figure de la variation, l'*altération*. En musique, une altération accidentelle désigne le fait qu'une note est modifiée (par un dièse, un bémol ou un bécarre) de façon ponctuelle, ce qui ne figure pas dans l'*armure* de la partition. Ici l'altération pourrait être représentée par l'axiome baroque selon lequel « l'infidélité est une règle de la nature » (*SA*, 29). Le narrateur incite le Macbeth à sortir de l'indécision, non pas sur sa nature, mais sur les actes qu'il va ou non commettre. Macbeth répond sur la trahison qui le caractérise, quelle que soit cette nature : « Pitre ou tyran, j'ai été traître [...]. » (28). La trahison se décline dans la multiplication des Macbeth, qu'il s'agisse de candidats usurpateurs (31) ou d'interprètes qui ont tenu le rôle (32) : autant de bifurcations, d'alternatives, dont aucune n'est explorée jusqu'au bout, l'auteur se divertissant à les éployer et à les refermer aussi rapidement. Donc autant de jeux rapides sur les possibles, qui ne sont pas inclus dans la « charte » du texte – sauf à dire précisément que nous sommes au théâtre et que le jeu sur les possibles lui est inhérent.

Pour que le lecteur (l'auditeur) prenne conscience de la variation, il faut qu'il y ait périodiquement retour, au thème, à la tonalité de départ. Ce qu'a bien vu Arno Bertina dans sa correspondance avec Senges, en soulignant que, plus que le fragment mis en avant par le texte, l'essentiel consiste en un « tissage de continuités » :

> Le fragment est une ruse de sioux : je m'avance en me racontant des histoires (je m'en tiendrais au connu) et, explicitement ou pas, n'endormant que le lecteur ou endormant aussi ma propre vigilance, je tisse des continuités, en reliant ces fragments par une enquête (*Les Fragments de Lichtenberg*) ou par des séries d'échos (*Études de silhouettes*), en travaillant des obsessions, en organisant le retour de certaines figures, le tout finissant par déplier une logique, à tout le moins, ou constituer un monde, proposant par exemple une ligne, une continuité dans le changement[14].

Un tel retour exclut une progression linéaire, mais n'implique pas pour autant une répétition à l'identique : plutôt une avancée en spirale, ou en crabe, comme le « canon à l'écrevisse » chez Bach.

Il se déduit de ce qui précède que la variation va procéder, entre autres, par accumulation et non pas par simple énumération :

---

14 Arno Bertina, Pierre Senges, « Correspondance », *Revue critique de fixxion française contemporaine*, n° 1, 2010, <http://www.revue-critique-de-fixxion-francaise-contemporaine.org/rcffc/article/view/fx01.09/542>, p. 90 [consulté le 11 avril 2016].

> L'énumération se distingue de l'accumulation par son ampleur. Cette ampleur ne se mesure pas en nombre de mots, mais bien en termes d'« emprise sur le texte » : tant que les mots défilent sagement, que la mémoire conserve les images successivement évoquées et donne une pertinence à leur enchaînement, la liste est énumération. À partir du moment où la suite de mots fait perdre pied, où l'enchaînement semble aléatoire, où le sens le cède aux sons, la lecture devient jeu et l'énumération accumulation[15].

Les exemples ne manquent pas. Dans la séquence « Être Macbeth pour un comédien » (*SA*, 15-17), l'auteur énumère un certain nombre de conséquences que comporte le rôle, mais en quelque sorte à l'envers : « [...] c'est décrocher un rôle, et avant cela postuler, et avant cela regarder Hamlet ou le roi Lear... » (15). La logique ne ressurgit qu'à la toute fin de l'énumération, avec les « ruses, qui s'effaceront lorsque le moment sera venu » (17). L'énumération symétrique, dans la séquence opposée « J'ai été le tyran Macbeth » (17), procède par distorsion de la temporalité : si le texte scande un rappel des années écoulées (« En dix-sept ans »), les actions évoquées se superposent sans succession perceptible, dans un tourbillon où l'affirmation initiale achève de se subvertir : « en me méfiant comme de la vérole de toute forme d'authenticité » (19). L'acmé de ce type d'accumulation se trouve sans doute dans le dialogue avec les sorcières déjà évoqué, avec ses jeux sur les signifiants et ses cascades de « Touille, grouille, carambouille / Danses, rances, pestilences / etc. » (44-45).

L'absence de logique, de chronologie, ou leur présence subvertie, amène à poser la question de la digression : « Le segment digressif [...] a le pouvoir, imaginaire, d'absenter ou d'occulter le contexte qu'il vient parasiter. La digression n'a pas pour seule fin l'émission – bavarde ou concise – d'un excursus, elle n'est pas une expression parmi d'autres, elle aveugle les séquences adjacentes[16] ». Mais s'agit-il véritablement de digressions ? Si d'un côté viennent se greffer des énoncés qui semblent parasites (comme les « jeux de scène » qui précèdent la prise de parole par Lady Macbeth), en revanche ces mêmes énoncés coexistent sans s'effacer les uns les autres, ce qui procure ou aggrave le sentiment d'incertitude éprouvé par le lecteur. Le point commun de tous ces procédés se résumant

15 Sophie Chisogne, « Poétique de l'accumulation », *Poétique*, n° 115, septembre 1998, p. 289.

16 Maurice Laugaa, « Identifier la digression », in *Textuel*, n° 28, avril 1994, p. 101-104.

à un « dispositif d'expansion, [...] matrice discursive donnant sa forme esthétique la plus immédiate au désir de totalité[17]. »

Reste la question de l'ordre, imprudemment annoncée, sur le modèle de la variation beethovenienne où (en principe) les différents moments de la variation s'enchaînent et ne peuvent en aucun cas être permutés. L'ordre du texte est-il ici aléatoire ou rigoureux ? Les textes de Senges jouent souvent sur ce qui est de l'ordre de la relation, du lien, même arbitraires : « ce que j'ai souhaité évoquer dans le *Lichtenberg*, c'est bien évidemment cette faculté naturelle, humaine, d'établir spontanément des liens, y compris là où ils ne se trouvent pas[18]. » De façon générale, la construction de nombre de ses livres est fondée sur un assemblage de séquences (*Fragments de Lichtenberg*, *Veuves au maquillage...*). Le lien est donc avéré, même s'il peut être dit « paranoïaque », au sens où le texte invente par rapport au « réel », établit des concaténations que le « réel » récuse. Or, on peut se demander s'il est bien raisonnable de chercher de l'ordre, ou de la rigueur, dans un texte qui cherche à les saper. François Bon évoque, à propos des trois romans de Kafka, le caractère aléatoire de l'ordre des scènes, à l'exception du début, de la fin et du centre :

> C'est insupportable esthétiquement pour Kafka, et c'est son prétexte pour ne pas tenter la publication, tout en vivant la clôture de chacun des trois manuscrits comme un échec, un inaboutissement. De notre côté, non seulement nous sommes familiers de processus scientifiques ou esthétiques sans principe de linéarité, mais c'est bien, à la lecture du *Procès* ou du *Château* sur nous, que cette gigantesque juxtaposition sans lien de chaque scène[19].

Si la modernité est donc du côté de l'absence de linéarité, de la « juxtaposition sans lien », l'idée même de « variations contraintes » ne risque-t-elle pas de faire basculer la lecture du côté opposé ? Pour tenter d'échapper à ce risque, la question de la finalité même de la variation va se poser. À la question « Pourquoi évoquez-vous souvent ce qui n'est pas pour dire ce qui est ? », Senges répond :

---

17 Véronique Montémont et Christelle Reggiani (dir.), *Georges Perec artisan de la langue*, Lyon, Presses Universitaires de Lyon, 2012, p. 11.

18 Arno Bertina, Pierre Senges, « Correspondance », *op. cit.*, p. 91.

19 François Bon, *Après le livre*, Paris, Seuil, p. 158-159. © François Bon & publie.net pour la version numérique, première mise en ligne le 17 janvier 2011, mise à jour n° 9, le 29 septembre 2011.

> C'est peut-être un reste d'exercices que je me suis imposé : avant d'acheter un livre, j'avais pris l'habitude, à partir du nom de l'auteur, de bribes, du titre, d'essayer de faire un résumé plus ou moins long du livre avant de l'avoir lu. C'était un entraînement à la littérature du « il se pourrait que ». La littérature, c'est aussi l'idée d'épuiser tous les possibles. Peut-être cela rejoint-il le monde de l'enfance qui ne cesse de parler au conditionnel : on dirait qu'on serait... Peut-être y a-t-il là aussi un goût pervers pour la combinatoire[20].

On sait que la variation est au cœur des thématiques de Senges : imaginer un monde alternatif où l'Amérique n'existe pas, imaginer de multiples branches d'alternative au Grand Roman que Lichtenberg n'a pas écrit (ou en tout cas ne nous a pas laissé). « L'œuvre de Pierre Senges est travaillée par le souci flaubertien de ne pas conclure, et que ses textes en variations, épanorthoses, épuisement de possibles et scrupules, sont autant de récits de la suspension[21]. » Et l'auteur de rêver de « pouvoir embarquer beaucoup de monde, comme dans un carnaval ou une danse macabre[22] ». C'est de cette vision du monde baroque que procède le jeu des variations, à plusieurs niveaux. *Sort l'assassin, entre le spectre* se place explicitement dans une contradiction : d'un côté, son caractère fictivement *théâtral* est rappelé constamment : « [...] la difficulté d'être un esprit sans une seule ligne de dialogue [...] » (*SA*, 38), « [...] tuer un comédien est peu de chose : il suffit de rayer ses répliques [...] » (42). Mais d'autre part, le narrateur multiplie les charges contre le thème (baroque) du *Theatrum mundi* : « [...] la sempiternelle comparaison du monde à un spectacle profite depuis trop longtemps déjà à des souverains qui n'en finissent plus, ne veulent plus finir, de prolonger leur règne. » (70) ; « Ces tréteaux sont le dernier point où tu peux encore te convaincre que tu ne désires pas profondément obéir à ton prince » (76). Le texte à la fois travaille sur les limites génériques (est-ce un texte de théâtre que nous lisons ?) et, par ses contradictions, va à l'encontre du « souci du définitif » dont Laurent Demanze a bien montré qu'il était, pour Senges, le cadet de ses soucis.

Analysant un discours de Robespierre, Claude Lefort constate que ce discours juxtapose des énoncés contradictoires, mais qu'il interdit à l'auditoire de s'en apercevoir et d'en défaire les articulations, dans la

20 Pierre Senges, « Rire baroque », *op. cit.*, p. 28.

21 Laurent Demanze, « L'apocalypse selon Senges », p. 211-220, in Laurent Demanze et Dominique Viart (dir.), *Historicité de la littérature contemporaine*, Paris, Armand Colin, 2012.

22 Pierre Senges, « Rire baroque », *op. cit.*, p. 26.

mesure où ce discours « exerce la Terreur[23] ». On retrouve là une forme de « contrainte » mais aux antipodes de l'énonciation chez Senges. Les propositions contradictoires de *Sort l'assassin...* (mais on pourrait montrer la même chose dans *La Réfutation majeure*, dans les détails de l'argumentation contre l'existence du Nouveau Monde, ou bien sûr dans *Fragments de Lichtenberg*), si elles divertissent le lecteur, empêchent précisément l'effet de terreur analysé par Lefort. Et loin d'exercer sur le lecteur une « contrainte » mentale, la contrainte textuelle, dont on a rappelé qu'elle n'était pas exactement de type oulipien, a un effet paradoxal que son nom même semble contredire. Comme règle que l'auteur se donne, elle a toujours un effet libérateur pour l'écrivain, et pour le lecteur, dans la mesure où il la perçoit, elle peut également avoir cet effet : l'entrechoquement des variations induit un questionnement salutaire sur ce qu'il en est de la vérité.

J'emprunte pour finir l'aveu de mes doutes à mon héros (Macbeth) : « J'ai imaginé mon hésitation depuis le commencement jusqu'à la minute présente, je ne suis pas peu fier de l'avoir vue s'épanouir ; j'ai improvisé des raisonnements, ils étaient tous de mon invention, je peux vous le dire à présent, et s'ils font preuve, c'est par hasard » (*SA*, 91).

Anne ROCHE
Université Aix-Marseille

23 Claude Lefort, « Un discours de Robespierre », in *Essais sur le politique – XIXe-XXe siècles*, Paris, Éditions du Seuil, « Esprit », 1986, p. 76. Voir Pierre Senges : « Je ne veux absolument pas vivre dans une tour d'ivoire, pratiquer l'art pour l'art et me plonger uniquement dans le seizième siècle ou faire de la pure rhétorique, mais je ne veux pas non plus obéir à une injonction morale. Je suppose que je fais à peu près mon travail avec *Sort l'assassin, entre le spectre*. Quelque chose se dit avec ou malgré moi de la politique contemporaine. » (Pierre Senges, « Rire baroque », *op. cit.*, p. 27).

LES MIROITEMENTS DU VESTIGE

Décomposition et recomposition romanesque dans *Fragments de Lichtenberg*

La littérature actuelle possède une conscience aiguë de son héritage, ce qui se traduit par la place privilégiée qu'elle accorde à la bibliothèque. Dans une étude sur le roman contemporain, René Audet a ainsi pu esquisser une typologie de ses représentations[1] : fabulée, elle génère une œuvre littéraire à l'intérieur du récit ; récrite, elle prolonge un texte fictif ou réel ; racontée enfin, elle convoque ses figures dans l'univers romanesque. La particularité du plus massif des romans de Pierre Senges, *Fragments de Lichtenberg*, est de faire converger ces trois modes de présence, dans une construction spéculaire où la bibliothèque, loin de donner lieu à une déploration sur la redondance de tout nouvel écrit, devient le support d'une invention jubilatoire.

Comme la plupart des fictions de Pierre Senges, *Fragments de Lichtenberg* constitue une œuvre seconde, qui se construit dans les interstices de textes déjà existants. Le livre prend pour point de départ une hypothèse exaltée qui remotive le *topos* du manuscrit trouvé : les quelque huit mille aphorismes écrits par le savant éponyme seraient les vestiges d'un Grand Roman démantelé, que cinq générations de spécialistes se proposeraient de restaurer. Cette mystification enclenche une fiction foisonnante : ce ne sont pas moins de neuf reconstitutions farfelues qui sont envisagées, auxquelles s'ajoutent d'interminables spéculations sur le « destin de papier » (*FL*, 17) de l'œuvre perdue, dont le narrateur imagine les possibles destructions. De fait, l'aventure encyclopédique et bavarde évoquée dans *Fragments de Lichtenberg* obéit à deux logiques contraires, qui, comme l'a souligné Laurent Demanze, font s'opposer

1 René Audet, « Raconter ou fabuler la littérature. Représentations et imaginaire littéraires dans le roman contemporain », p. 183-202, in Barbara Havercroft, Pascal Michelucci et Pascal Riendeau (dir.), *Le Roman français de l'extrême contemporain. Écritures, engagement, énonciation*, Québec, Éditions Nota Bene, « Contemporanéités », 2010.

décomposition et recomposition[2]. D'un côté s'y lit le patient travail de destruction initié par Lichtenberg ; au-delà de la destruction du Grand Roman supposé, il renvoie à l'esprit de sape du savant, caractérisé par un anti-académisme qui donne lieu à de savoureux aphorismes sur la résurrection des patates[3], la valeur nutritive de la bière[4] ou le temps d'une vie passé aux cabinets[5]. D'un autre côté, cette dynamique se voit contestée par l'entreprise de restauration des lichtenbergiens, qui est aussi celle du lecteur invité à combler les béances du texte et à « inventer des narrations de manière buissonnière[6] ».

Cette tension fonctionne à double sens : le vide initial se voit comblé par une démultiplication des récits, qui eux-mêmes, emportés par leur démesure, se condamnent à l'éparpillement. Le romanesque paradoxal qui en découle, partagé entre vitalité et impossibilité, répond à une logique kaléidoscopique en ce qu'il fait de la fragmentation le creuset d'une succession de figures séductrices et évanescentes. En ce sens, la débauche de récits qui caractérise *Fragments de Lichtenberg* renvoie à ce que Pierre Senges désigne lui-même avec ironie comme une « forme d'art [qui] consiste à partir de notre ignorance pour revenir à notre ignorance en passant par des plafonds dorés : une vraie danse du ruban » (*FL*, 218-219). C'est cette esthétique du miroitement narratif, qui, à partir de l'indétermination, déploie un foisonnement luxuriant de figures, que nous souhaiterions explorer ici. Parce que le projet encyclopédique ploie sous sa propre disproportion, il programme son impossibilité d'aboutir, tout en faisant de cet inachèvement un moyen de relancer sans cesse la machinerie romanesque. Celle-ci reste résolument en deçà de l'élaboration des savoirs mais possède sa propre sagesse : elle devient éloge de la raison fabulante en même temps qu'hommage au mensonge et au doute, capables de mettre en question l'orthodoxie du sens.

2 Laurent Demanze, « Le Neuf peut-il naître de l'Ancien ? Pierre Senges, fictions encyclopédiques et gloses inventives », *Remue.net*, http://remue.net/spip.php?article4196 [consulté le 28 février 2013].

3 « [G 191] Ici reposent les patates dans l'attente de leur résurrection. » (*FL*, 88).

4 « La bière est un pain qui se boit. [KA 199] » (*FL*, 167).

5 « [C 323] Passer 6 minutes par jour au cabinet emploie, sur 60 ans, 91 jours et 6 heures, soit ¼ d'année. » (*FL*, 479).

6 Laurent Demanze, « Le Neuf peut-il naître de l'Ancien ? Pierre Senges, fictions encyclopédiques et gloses inventives », *op. cit.*

L'« ENVOÛTANTE IMPOSSIBILITÉ D'ABOUTIR »

En ouverture de ses *Études de silhouettes*, Pierre Senges présente le projet de son livre, qui consiste en une continuation ludique des incipits de Kafka. Il précise :

> On aurait pu se contenter d'admirer ces restes tels qu'ils sont : malingres, pleins d'espérance – mais il existe deux lois irréfutables : 1) la nature a horreur du vide, 2) notre désir de récit est impossible à rassasier. Et voilà pourquoi on n'a pas pu s'empêcher de poursuivre ce qui a été commencé, sur trois lignes, sur trente ou cent, afin d'en savoir un peu plus, à l'issue des cent, sur l'envoûtante impossibilité d'aboutir. (*ES*, 9)

À l'instar de ces récritures ludiques, *Fragments de Lichtenberg* se déploie à partir d'un double vide à combler, d'ordre matériel – les vestiges d'une grande œuvre disparue – et psychologique – une poignée d'herméneutes insatiables, « sans cesse en train de courir après toute forme d'insatisfaction » (*FL*, 341). Les herméneutes, dont l'appétit de savoir est proprement transgressif, engagent de fait une quête babélienne, vouée à la ruine.

L'entreprise des lichtenbergiens dit d'emblée sa démesure. Tout en voulant rendre au modèle sa cohérence première, elle n'a de cesse d'accroître l'écart entre le livre perdu – « Opus Magnum » (*FL*, 9) ou « Immense Machin » (40) – et la masse des spéculations érudites. Le texte originel reste résolument (délicieusement) introuvable tandis que se multiplient des gloses qui sapent le projet ne serait-ce que par leur postulat initial. En convertissant les aphorismes en fragments à combiner entre eux pour restaurer une œuvre unique (c'est la conjecture de Sax), puis en vestiges d'un roman aux neuf dixièmes disparu (c'est la conjecture de Stewart et Mulligan), les lichtenbergiens repoussent leur objectif au fur et à mesure de leurs avancées :

> La conjecture de Sax supposait un seul Grand Roman, qu'il fallait retrouver en jouant sur des combinaisons – la conjecture de Mulligan admet la disparition dans les limbes, sous la cendre, de neuf dixièmes de l'œuvre, ce qui suppose, au lieu d'une anagramme, c'était trop simple, de replacer les fragments ici et là, au milieu de vastes vides, comme les îles de la Micronésie égarées dans le Pacifique. Le vertige remplace la certitude, c'est inévitable [...]. (*FL*, 88-89)

L'évanescence du modèle originaire, accrue par les efforts des critiques, ratifie le fait que « le possible l'emporte en nombre, en charme, et même en consistance, sur le réel » (*FL*, 89). L'exponentiel travail de glose – encouragé par une « générosité [de] la parole, et de la pensée elle-même » (575) – tend à combler la béance initiale, mais sa disproportion pousse l'encyclopédisme à saturation, ce que traduit le dispositif fragmentaire du texte : alors même que les lichtenbergiens s'ingénient à doter les aphorismes d'une logique narrative, la progression du récit se voit contestée par une série de corrections, d'interruptions et de contradictions qui problématisent sa continuité.

L'emballement narratif se heurte d'abord à une logique de la rectification : l'interprétation des fragments progresse par épanorthose pour faire se succéder des ébauches romanesques diversement corrigées. Du *Polichinelle* à la *Mouche en Dieu*, en passant par un *Robinson le Fluet* ou un *Roman de Malifâtre*, les herméneutes élaborent chaque nouvelle reconstitution à partir du démantèlement de la version précédente. Ainsi le *Polichinelle* de Lichtenberg, personnage de *commedia* essayant désespérément d'intégrer l'univers du mythe faustien en inaugurant son aventure par le meurtre de ses anciens compagnons de comédie, se voit-il sacrifié au profit de trois nouveaux romans, dans lesquels plusieurs de ses thématiques sont réinjectées : le thème de la fuite donne naissance à un *Ovide à Rome*, les débats sur la rotondité de la terre font la matière d'un *Concile de Pampelune*, tandis que les récits satiriques sont recyclés dans un *Arche de Noé*. La progression de l'interprétation joue de la mobilité des fragments, dont le sens évolue en fonction des constellations narratives déployées par les herméneutes. Si le fragment [F 173] revient à des endroits stratégiques pour rappeler que « Mettre la dernière main à son œuvre, c'est la jeter aux flammes » (*FL*, 76, 574), il renvoie tantôt à la pyromanie supposée de Lichtenberg, qui jette au feu son roman-fleuve, tantôt à un embrasement bien plus dévastateur : dans le dernier chapitre, le narrateur y voit l'annonce de l'incendie qui réduira en cendres l'ensemble des archives lichtenbergiennes. Au terme d'une vaste entreprise d'ajustements, le texte que nous sommes en train de lire convoque l'image de sa propre destruction, par un incendie qui n'est pas sans rappeler l'autodafé qui conclut « Le Congrès » de Borges[7], nouvelle aux prises avec un même vertige encyclopédique.

---

7 Jorge Luis Borges, « Le Congrès », p. 27-57, in *Le Livre de sable*, Paris, Gallimard, « Folio », 1978.

L'hypertrophie narrative, loin de se déployer de manière continue, se soumet aux multiples interruptions qui découpent le livre et la page. C'est sur ce morcellement qu'insiste Pierre Senges quand il précise que « ce n'est pas un livre de 632 pages que j'ai écrit mais cent livres de six pages trente-deux[8] ». La diversification des prises de parole permet en effet une alternance des points de vue et des sujets, et entremêle esquisses romanesques et gloses philologiques. Au sein de cet ensemble disparate, qui fait se succéder histoire des années 60, réflexions sur la solitude, reconstitution du *Robinson* de Lichtenberg et rencontre avec Goethe, les courts chapitres qui renvoient à la figure du savant introduisent un principe de fragmentation maximal : la logique biographique apparaît de fait comme une accumulation anarchique d'instants de vie, de blasons, de portraits chinois ou de prosopopées, dont les titres hétérogènes (« Autres funérailles », « Lichtenberg comme candélabre », « Rendre visite à Lichtenberg », « Lichtenberg : faites le tour », etc.) défient tout principe de continuité narrative. Pierre Senges substitue ainsi au roman-fleuve le livre-somme, qui renvoie au modèle totalisant du dictionnaire et de sa collection d'articles hétérogènes. Au sein de cet assemblage disparate, l'utilisation ludique d'un appareil critique renforce l'effet de discontinuité ; la présence de notes en marge, mais aussi d'un index et d'un sommaire, accentue l'irrégularité graphique et narrative du texte. Des incises et des renvois creusent la page, multiplient les décrochages et systématisent le principe disjonctif de la digression.

Au-delà de la linéarité narrative, c'est la cohérence même du texte qui est mise à mal. D'un côté, le système des enchâssements permet d'assurer la cohésion des diverses prises de parole. Par un mouvement d'inclusion, chaque récit tend à devenir le récit-cadre d'une histoire seconde, jusqu'à faire de certains chapitres de véritables textes gigognes : le roman de Polichinelle ne convoque pas moins de « sept emboîtements de récit dans le récit » (*FL*, 129) ; telle version du Concile de Pampelune exhibe la multiplication des médiations en montrant non pas Ovide en action mais « Aristophane selon Ovide (selon Lichtenberg) » (*FL*, 273). D'un autre côté, cette démultiplication extrême des emboîtements fragilise la stabilité référentielle du texte en faisant surgir des apories. Les fréquents anachronismes mettent ainsi en contradiction les niveaux de l'énonciation,

8 Thierry Guichard, « Rire baroque. Entretien avec Pierre Senges », *Le Matricule des Anges*, n° 92, avril 2008, p. 29.

en instillant le futur dans le passé. C'est ce que souligne la récriture de l'histoire de *Blanche-Neige* par Lichtenberg : non seulement le savant est supposé s'emparer du conte des frères Grimm à un moment où ils n'en sont pas encore devenus les auteurs, mais il s'appuie en outre sur l'adaptation du conte proposée à la fin du XXe siècle par Walt Disney. Les infractions à la chronologie prennent ainsi l'encyclopédisme au piège de sa labilité et renvoient au projet anachronique de l'auteur lui-même, qui récrit l'histoire littéraire à l'aune du présent.

Pierre Senges fait ainsi de l'abondance délirante de son texte la cause d'un échec programmé. La dynamique narrative, contestée par les rectifications interprétatives, découpée en une multiplicité de chapitres digressifs, creusée par l'emboîtement de niveaux narratifs parfois contradictoires, renvoie à une crise généralisée de l'encyclopédisme menacé par sa propre prolifération. Loin de toute posture de renoncement, le narrateur n'en appelle pas moins au déploiement du récit à travers le miroitement romanesque du fragment.

UNE LIBÉRATION DE LA PUISSANCE FANTASMATIQUE DU ROMANESQUE

« J'espère que le côté fragmentaire aidera le lecteur[9] » précise Pierre Senges lors d'un entretien qui fait écho à l'éloge de la « lecture gibbeuse » (*FL*, 138) que contient *Fragments de Lichtenberg*. Celle-ci est définie comme une lecture sans cesse interrompue du fait de la situation précaire et inconfortable du lecteur, qu'il soit appuyé sur la bosse de Lichtenberg, suspendu par une main à un arbre ou ballotté dans une voiture sur une route cahotante. Elle est par conséquent

> [...] une lecture fragmentaire, sensible à la brièveté, incapable de s'en sortir autrement, bien obligée de composer avec des aperçus, et des escarbilles, ou avec une émotion aussi courte qu'une paire de gifles – on pourrait appeler ça, avec Lichtenberg, une lecture aphoristique, si le lecteur secoué par son cheval offre à un roman-fleuve la brièveté de sa lecture. (*FL*, 138-139)

9 Thierry Guichard, « Rire baroque. Entretien avec Pierre Senges », *op. cit.*, p. 29.

Si en dépit de l'impossibilité du roman la lecture de *Fragments de Lichtenberg* reste éminemment romanesque, c'est précisément parce qu'elle ne cesse de mettre en valeur les potentialités narratives du fragment, au lieu de confiner son sens au sein d'un système narratif clos sur lui-même.

Le maintien de la fragmentation permet en effet de contester toute norme régulatrice, au profit d'une libération de l'imaginaire et de transformer, selon les mots de l'auteur, un « florilège d'échecs » en « florilège d'élans[10] ». Le fragment convoque un plaisir de lecture qui se situe moins du côté de l'adhésion consentie à un univers merveilleux – univers romanesque défini par Jean-Marie Schaeffer comme celui de l'héroïsme, des passions et de l'exemplarité[11] – que dans le décloisonnement du sens. En étant transposé hors de son contexte régulateur, il donne prise à de multiples réappropriations. Ainsi, quand les lichtenbergiens invalident l'hypothèse de l'existence d'Ovide, « les mots qui servaient à raconter ses aventures de ruelle en ruelle sont à nouveau disponibles » (*FL*, 356). On peut reconnaître dans ce décloisonnement l'un des traits qui, selon Michel Murat, caractérise le romanesque. Le critique définit de fait ce dernier comme « un effet du dictionnaire, qui décontextualise les citations et ne laisse subsister que les noms[12] », avant de préciser :

> Une focalisation intense réduit le roman à un moment, qui est le romanesque ; mais elle crée autour de ce moment des zones d'ombre où se complaît la rêverie. Cette rêverie est elle-même créatrice de fictions : ces deux personnages, d'où viennent-ils, que va-t-il advenir d'eux ? Le lecteur peut traiter un moment romanesque comme le dénouement d'une histoire, ou au contraire comme son début : il fabrique, dit Gracq, « du cohérent à perte de vue ».

Le romanesque se conçoit chez Pierre Senges comme cette *fabrique du cohérent* à partir d'une zone d'ombre. Ce dernier n'hésite d'ailleurs pas à souligner son goût pour les indéterminations toponymiques, en raison de leur dimension évocatrice :

> J'aime beaucoup utiliser les noms propres comme des taches de couleur, des motifs, des objets. Quand on cite un nom de ville comme Calcutta,

10 Guénaël Boutouillet, « Entretien avec Pierre Senges », *Remue.net*, http://remue.net/spip.php?article4196, [consulté le 28 février 2013].

11 Jean-Marie Schaeffer, « La catégorie du romanesque », p. 291-302, in Michel Murat et Gilles Declercq (dir.), *Le Romanesque*, Paris, Presses Sorbonne Nouvelle, 2004.

12 Michel Murat, « Reconnaissance au romanesque », p. 223-232, in Michel Murat et Gilles Declercq (dir.), *Le Romanesque*, *op. cit.* (p. 225).

> Samarcande ou Trézibonde, si on n'y a jamais mis les pieds, ce nom apparaît comme une tache de couleur. Ces noms sont d'autant plus évocateurs qu'ils correspondent à un endroit de notre ignorance[13].

Le recours au dictionnaire devient multiplicateur de récits, chaque nom apparaissant comme la partie émergée d'une bibliothèque hypothétique que le récit s'emploie à faire miroiter.

Cette convocation libère en effet ce qu'Umberto Eco, appelle la « compétence encyclopédique[14] » du lecteur, libération que Pierre Senges illustre tout d'abord en multipliant les gloses lexicales fantaisistes : quand le texte en appelle au dictionnaire, c'est pour renverser le sens des mots et montrer la productivité de l'ignorance. L'« aphorisme », défini par une série d'images, devient le genre des « sentences à peindre à la main sur des assiettes creuses, la soupière et les bols, la porcelaine de Saxe, ou bien à coudre au revers d'une veste, en guise de porte-bonheur » (*FL*, 19). Le texte se plait à exploiter la puissance d'émerveillement de termes inconnus, comme « apocatastase » (« c'est un mot rare et sonore, sans doute une onomatopée : la dégringolade d'une pièce d'or dans les escaliers » (p. 19)), « Tsimtsoum » –qui « n'est pas le retrait de Dieu au moment de la création mais une pâtisserie faite de dates, de miel et de pignons de pin » (142-143) – ou encore « Zizit » : « [...] une variété d'olives au piment [...] ».

Les rapprochements intertextuels prolongent ces gloses fantaisistes à travers tout un fond commun de scénarios préétablis. Au-delà du dictionnaire, c'est toute la bibliothèque qui sert de support au déploiement des possibles, en exploitant la porosité entre les catégories génériques. Parce que l'essai se comprend en regard du roman ou de l'épopée, les aphorismes appellent une lecture merveilleuse :

> [...] on trouve autant de raisonnements dans les pages rescapées de Lichtenberg que de débuts, de milieux ou de fins d'aventures possibles, parfois en bateau, parfois à cheval, d'où cette impression de suivre les voyages d'un héros prêt à l'action, déjà en tenue, mais porté sur le discours : son ivresse, son élixir. (*FL*, 116)

La proximité entre le raisonnement et la narration justifie les passages de l'un à l'autre, à partir d'une imagination intertextuelle qui fait

---

13 Thierry Guichard, « Rire baroque. Entretien avec Pierre Senges », *op. cit.*, p. 27.

14 Umberto Eco, *Lector in fabula. Le rôle du lecteur*, Paris, Éditions Grasset, « Biblio essais », 1985, p. 95-106.

des décentrages génériques un moyen d'infléchir le sens. La ville de Pampelune sera tantôt vue comme « un de ces masques italiens, à la fois naïf et roublard » qui rend hommage à la *commedia* de Naples (*FL*, 200), tantôt « convertie en ville de cape et d'épée » (229) ou transformée en cadre picaresque pour la fuite de Polichinelle, « tout cela puisé dans le répertoire sans prendre de précaution » (142).

Le narrateur se comporte ainsi lui-même en lecteur du texte qu'il écrit, appelant au prolongement de cette lecture par la multiplication des ouvertures offertes au lecteur : le texte ménage de nombreuses marges de liberté, sous la forme d'excroissances ou de suspensions. L'appareil critique – notes, résumés, index des noms – multiplie les entrées obliques dans le récit en suggérant de nouveaux rapprochements, des articulations souterraines offertes à l'esprit du lecteur. En même temps que la fragmentation permet une démultiplication des possibilités de lecture, les suspensions narratives inscrivent dans le texte un inachèvement qui stimule le désir de sens. À de nombreuses reprises, le récit appelle le lecteur à se saisir de potentialités narratives, à travers des amorces de récits potentiels, des trames laissées en suspens. Aussi le narrateur refuse-t-il de clore la geste des lichtenbergiens en ménageant, au moment même de l'ensevelissement des archives, la reprise future des recherches :

> Mille ans, deux mille ans plus tard, si le temps se maintient, des explorateurs aux pôles viendront creuser à cet endroit, pour dégager la drôle d'étude, des étagères, des malles, des cadavres de bibliothécaires dans un état de conservation idéal, ce qui fait leur fierté d'archivistes – ils pourront décongeler les morceaux et peut-être reprendre le travail là où on l'avait laissé, vingt siècles plus tôt. (*FL*, 571)

Ce refus de conclure est de l'ordre du plaisir de lecture, dans la mesure où le texte réaffirme sa fécondité romanesque au-delà même de ses limites matérielles : le récit est emporté par le miroitement d'un ensemble d'images qui sont autant de mirages. Mais cette pleine jouissance du mensonge apparaît comme une manière de sagesse en ce qu'elle souligne la malléabilité du sens et dénonce toute forme d'orthodoxie de la lecture.

SÉDUCTION ET SUBVERSION
L'instabilité du sens

Les protagonistes qui peuplent *Fragments de Lichtenberg* sont hantés par l'obsession du décryptage et de l'interprétation. Les lichtenbergiens, bien sûr, apparaissent comme des maîtres en la matière : « [...] amateurs de codes, de chiffres, de secrets, de numérisation et d'immeubles à deux entrées [...] » (*FL*, 394), ils scrutent les textes, manipulent les signes à la recherche d'une vérité. Les personnages de chacune des compositions romanesques redoublent ces figures de lecteurs avides de sens, en se penchant sur leur existence comme sur un texte : Malifâtre, voyant le piano qui devait causer sa mort s'écraser juste devant lui, quelques secondes seulement avant son arrivée sur les lieux de sa mort prophétique, passe en revue son existence pour déceler les causes de ce retard ; le huitième nain de Blanche-Neige dévoile quant à lui comment il a récrit le conte que nous connaissons pour effacer les traces de sa présence et organiser sa désertion hors du texte ; l'un des derniers romans recomposés par les Lichtenbergiens, *As if we Were God's Spies*, relate le travail, à la veille de la fin du monde, de sept espions chargés de dresser le catalogue de la réalité avant sa disparition.

Pierre Senges pose à travers ces herméneutes la question de l'élaboration des savoirs en renvoyant dos-à-dos une science de l'interprétation et un goût du canular. Alors que la science des signes – appliquée et studieuse, productrice de discours estampillés, dont le sérieux se mesure à l'aune d'une affiliation universitaire ou ministérielle – se prétend garante de l'authenticité de la signification, elle se voit ramenée à une rhétorique dérisoire : l'austère Société des Archives Lichtenberg n'apparaît en ce sens que comme la caution du mensonge et de l'élucubration, quand les lichtenbergiens déclinent par ailleurs les figures du dupe – Herman Sax est un collectionneur trompé par des documents apocryphes –, de l'escroc – Stewart et Mulligan n'hésitent pas à mimer la rhétorique lichtenbergienne pour être recrutés – ou encore du plaisantin – Zoltan Kiforgat déconstruit à deux reprises ses propres hypothèses par goût de la farce. La galerie de portraits des faussaires rejoint celle des bouffons, dans la mesure où le remembrement des petits papiers apparaît comme une affaire de tubes de colle, de puzzle et de mah-jong.

Fidèle à son goût pour le renversement, Pierre Senges fait ici descendre l'épistémologie des hautes sphères de l'intellect, pour ancrer la lecture dans l'expérience primitive qui l'a fait naître. Le réel, souligne en effet le narrateur de *Fragments de Lichtenberg*, n'est qu'une « suite hétérogène et moqueuse de phénomènes à ranger ou non, selon nos compétences, dans un système » (*FL*, 196), et de préciser en marge : « Nos compétences : nos désirs. » Chaque lecture renvoie moins à une épiphanie du sens qu'à une projection sur le texte d'un ensemble de désirs. Le sens devient véritable effet d'optique, puisque, pour reprendre l'expression de Julien Gracq, les protagonistes, « croyant posséder une clef, n'ont de cesse qu'ils aient disposé [l']œuvre en forme de serrure[15] ». Là où l'auteur de *Lettrines* dénonçait une déviance de la critique, Pierre Senges voit le préalable de toute lecture, tentée de s'approprier le texte comme une « terre glaise » (357). Amédée Brignolle, « chef des Invraisemblants » (184) et figure amusée du ponte surréaliste, conçoit ainsi le voyage d'Ovide comme un retour du poète à Rome, préfiguration d'un paradis littéraire, tandis que pour les herméneutes persécutés que sont le rabbin de Katowice, le talmudiste de Kurylówka et l'étudiant Szczecin, la Rome d'Ovide n'est plus le territoire du poète mais le sol natal de l'exilé, refuge contre les folies historiques. Ces allusions mettent au jour non pas simplement un jeu de connivence – qui peut se révéler trompeur – mais ce que Pierre Senges appelle la paranoïa de la lecture : « C'est le principe de la lecture paranoïaque : quand on est obsédé par un thème, tout y entre[16]. »

Loin d'apparaître comme une condamnation du désir, cette exhibition amène de fait le lecteur à prendre conscience des obsessions à l'origine de tout discours. Le narrateur se range avec humour du côté des paranoïaques – lui qui fait de la bosse de Lichtenberg une unité de mesure, un mode de pensée et un système de lecture – tout en s'attachant par là-même à dénoncer l'aveuglement des discours prétendument authentiques. Le travail de récriture ludique opéré à partir des œuvres du patrimoine littéraire permet ce renversement en « substituant la subjectivité à l'idéologie et l'ironie à la bonne conscience », selon les termes d'Audrey Camus[17]. Quand *Robinson Crusoé* devient *Robinson le Fluet*, c'est

15 Julien Gracq, *Lettrines*, Paris, José Corti, 1967, p. 48.

16 Thierry Guichard, « Rire baroque. Entretien avec Pierre Senges », *op. cit.*, p. 25.

17 Audrey Camus, « Une éthique de l'idiotie : l'œuvre de Pierre Senges », p. 169-179, in Marc Dambre et Richard J. Golsan (dir.), *L'Exception et la France contemporaine : histoire,*

pour contester le didactisme d'un roman d'éducation bien-pensant ; les tergiversations d'une assemblée de doctes sur la forme mamelue de la terre permettent de tourner en dérision le caractère péremptoire d'un discours abstrait, qui réduit l'anatomie féminine à une métaphore ; la parabole biblique de *L'Arche de Noé* est elle-même prise pour cible dans un récit qui redouble le chaos du monde au lieu d'en livrer le sens caché. Ce dernier exemple est particulièrement révélateur de la manière dont la subjectivité et l'ironie subvertissent le sens. Les académiciens chargés de peupler l'Arche manquent à leur devoir, occupés qu'ils sont à départager l'orang-outan du lexicographe, et laissent le navire sombrer en écoutant autour d'un banquet diverses plaidoiries de poètes : il faut bien savoir quelle littérature doit être sauvée. Cette parabole ironique se clôt sur une indétermination généralisée : l'échec des jurés est prolongé par un éventail d'épilogues qui, à l'image de l'ensemble de l'œuvre, enrayent le processus de signification. Le récit chaotique – et la vision apocalyptique du monde qu'il sous-tend – reste résolument coupé de toute charpente idéologique.

En transformant des textes clos sur eux-mêmes en vestiges béants, Pierre Senges redouble la portée des aphorismes de Lichtenberg, définis par leur préfacier français comme « des pensées clandestines et esseulées qui n'ont d'organisation systématique que l'existence qui les a fait naître[18] ». Plutôt que d'en livrer la clef, il en démultiplie le caractère énigmatique, ironique et provocateur : la signification se construit fragilement, loin de toute valeur absolue, dans une négociation constamment renouvelée entre le texte et le lecteur, où le travail herméneutique entre en tension avec le bougé des perspectives. Ainsi, le romanesque kaléidoscopique qui en découle joue-t-il de la démultiplication des récits, qui, tout en faisant fructifier le fragment par un jeu d'associations, en vient à désigner la signification comme une illusion d'optique. Tout comme chaque herméneute reconstruit le récit perdu à partir d'une érudition doublée de fantaisie, le texte ne donne à voir le monde qu'à travers la lorgnette lichtenbergienne : instable, précaire et douteuse. C'est pourquoi le romanesque des fragments à la fois ravit et déstabilise le lecteur qui,

---

imaginaire, littérature, Paris, Presses Sorbonne Nouvelle, 2010 (p. 169).

18 Charles Le Blanc, « Préface », in *Le Miroir de l'âme*, Georg Lichtenberg, Paris, José Corti, « Domaine romantique », 1997, p. 17.

parce qu'il éprouve la fragilité de sa lecture, « ne pourra jamais prendre le dessus sur le texte » (*FL*, 139) – ou ne le pourra qu'en s'exposant au piège de son propre désir de sens.

Anne SENNHAUSER
Université Paris III –
Sorbonne Nouvelle

L'UTOPIE REVISITÉE

L'œuvre-parergon de Pierre Senges

Sous le titre « Utopie – commentaires sur les chemins de ronde (Thomas More commenté par Pierre Senges) », la revue *R de réel* publiait en août 2004[1] les premières pages d'un livre singulier, resté jusqu'à présent inédit et dont l'avant-propos explique le dispositif dans les termes suivants :

> Sous une pile de linges, des chercheurs ont retrouvé, il n'y a pas longtemps, un exemplaire défraîchi de *L'Utopie* de Thomas More : le second livre, pour être précis. Assez vieux pour intéresser un bouquiniste, peut-être, mais entièrement couvert dans les marges de notes à l'encre violette qui lui font perdre toute valeur marchande (c'est en tout cas l'avis des spécialistes). À mieux regarder, ces notes violettes se sont révélées plus intéressantes qu'on ne pensait – aussi, réflexion faite, nous avons choisi de présenter au public curieux le texte en l'état : à savoir la description de l'île d'Utopie telle que Thomas More nous l'a rapportée, accompagnée des commentaires d'un habitant des lieux. C'est l'occasion sans doute de comparer la version officielle, connue depuis 1516, au témoignage direct d'un authentique Utopien. Au lecteur d'accorder sa confiance à l'un plutôt qu'à l'autre, selon ses penchants[2].

Ce texte est emblématique de l'œuvre en ce qu'il réunit quatre des passions sengiennes : la Renaissance et l'apocryphe tout d'abord, qui caractérisent au premier chef *La Réfutation majeure* du pseudo Guevara paru la même année, mais aussi la marge, largement mise à contribution dans les *Fragments de Lichtenberg* en particulier, et pour finir l'utopie, dont la *Géométrie dans la poussière* explorait déjà les rouages à travers

---

1 Pierre Senges, « Utopie – commentaires sur les chemins de ronde (Thomas More commenté par Pierre Senges) », p. 6-13 in Laetitia Bianchi et Raphaël Meltz (dir.), *R de réel*, Volume UVW, avril-août 2004.

2 Pierre Senges, *Commentaires sur les chemins de ronde*, inédit, avant-propos (je renvoie à l'extrait publié dans le présent volume). Le texte étant, comme souvent chez l'auteur, composé d'entrées numérotées, le renvoi au tapuscrit se fera désormais par la mention de ces numéros entre parenthèses.

une variation sur *Les Lettres persanes.* Les *Commentaires sur les chemins de ronde* offrent ainsi une caisse de résonance aux échos dont l'œuvre est de part en part traversée. À les lire, on comprend mieux la manière dont s'élabore l'œuvre-parergon de Pierre Senges, qui toujours tire sa substance d'autres œuvres mais, loin de les détruire, relance ainsi le texte revisité pour faire de cette pratique le lieu de l'utopie.

LA REVANCHE DES UTOPIENS

Dans le sillage de *La Réfutation majeure* et des *Essais fragiles d'aplomb*, les *Commentaires sur les chemins de ronde* s'engagent donc à rétablir une vérité passablement invraisemblable à travers un dispositif qui ne l'est pas moins. Un exemplaire du livre deux de *L'Utopie* de Thomas More annoté par un authentique Utopien aurait été retrouvé sous une pile de linges, nous dit-on, mais outre que la pile de linges ne renouvelle le motif éculé de la vieille malle que pour en affaiblir encore la plausibilité, on ne voit pas très bien comment l'ouvrage en question aurait pu parvenir jusqu'à nous dès lors que la situation géographique de l'île et le chemin qui y mène demeurent censément inconnus[3]. Pis encore, l'« authentique Utopien » à qui incombe de rétablir la vérité va très rapidement apparaître au fil des pages comme l'incarnation de tout ce que la république de Thomas More condamne, puisqu'il s'agit d'un esclave en fuite, adultère récidiviste et paresseux.

De telles qualités ne semblent pas faites *a priori* pour emporter l'adhésion du lecteur. On ne saurait pourtant concevoir de meilleur guide que ce déserteur passé maître dans l'art de zig-zaguer entre les lois (6), dès lors qu'à l'en croire, cette pratique de l'esquive constitue l'activité favorite de ses compatriotes. De fait, le crédit accordé à la première

3 Alors que selon Thomas More, Hythlodée aurait oublié de fournir cette information et ses interlocuteurs oublié de la lui demander, Pierre Gilles évoque quant à lui un fâcheux concours de circonstances. « Lettre de Pierre Gilles à Jérôme Busleiden », p. 15-16 in Thomas More, *L'Utopie* [1516], Présentation, texte original, apparat critique, exégèse, traduction et notes par André Prévost, préface de Maurice Schumann, Paris, Éditions Mame, 1978. Notre Utopien s'empresse d'ailleurs de réparer ce manque : « ici : 20° 31' S, 29° 20' O » (1).

description d'Utopie, qui se trouve ici démentie, ne repose sur aucune base solide : nul n'est jamais venu la corroborer. Tout ce qu'on sait de l'île d'Utopia nous a été rapporté par Thomas More qui le tenait lui-même du seul homme à avoir jamais accosté aux rivages de l'île pour en rapporter témoignage, un « marin-philosophe » dénommé Raphaël Hythlodée, que l'on n'a donc d'autre choix que de croire sur parole. Or, comme l'observe notre authentique Utopien :

> [...] (la méthode est toujours la même, pour qui souhaite mentir à propos d'un pays : c'est, en revenant chez lui, dès le pont passerelle, prétendre y avoir été [...], prétendre même y avoir vécu la moitié de sa vie dans l'oubli des siens, à la fois hôte et prisonnier). On parle de la ville aux coupoles d'argent, de la ville aux coquillages marins, de la ville comme les lignes de la main, de la ville à l'horloge de cuivre, de la ville au kiosque à musique, et de cinquante autres poussiéreuses et lacustres ; quand ils entendent tous ces noms, ces merveilles, l'argent, le cuivre et la poussière, de très lointains ambassadeurs approuvent – et des greffiers couchent dans leur cahier ce qu'ils viennent d'apprendre[4]. (5)

Ainsi la parole de cet ancien compagnon d'Amerigo Vespucci se trouve-t-elle douée d'une incoercible puissance créatrice, capable de substituer allègrement pays et continents aux terres inconnues. Mais le voyageur de retour n'aura pas le dernier mot, pour une fois, puisque voilà que Pierre Senges offre finalement aux autochtones du pays « découvert » un droit de réponse. L'encre violette qui couvre les marges de *L'Utopie* de More pour constituer les *Commentaires sur les chemins de ronde* est donc une encre non seulement correctrice mais réparatrice, même s'il apparaît vite que son objet est bien plutôt de jeter le trouble que de redresser les torts.

Le renversement de perspective amené par l'ouvrage a en effet pour principale conséquence de semer le chaos dans le bel ordonnancement utopien, dont il contredit la description point par point. Non seulement l'alcool (3, 8, 16, 32), le jeu (21 *ter*) et la luxure (7 ; 21 *ter* ; 32 *bis*) sont réintroduits, mais la sagesse des vieux est tournée en sénilité (6 ou 15), la faiblesse des femmes changée en force (17 *bis*). Le respectable fondateur Utopus lui-même apparaît comme un « mercenaire » ; « un meneur de troupes, de bistrot en bistrot » (14), quand il n'est pas purement et simplement qualifié de crétin

---

4 On reconnaît là le très ancien topos du voyageur-affabulateur, déjà présent dans *L'Histoire véritable* de Lucien, et réinvesti notamment par Rabelais dans le chapitre 30 du *Cinquième livre*, à travers « l'escole de tesmoignerie » tenue par Ouy-dire au Pays de Satin.

(35). Enfin, le régime de la communauté des biens qui fonde la république d'Utopie se révèle une supercherie, les petits arrangements entre voisins permettant de préserver discrètement la propriété privée honnie. Dans ces conditions, on ne sera pas surpris d'apprendre que le bréviaire des nobles habitants de la contrée s'intitule *Le Livre de la paresse et des ruses* (18). Ce titre, détourné d'une entrée du livre X des *Institutions* de Cassien censée fournir au moine les moyens de combattre le démon de midi, désigne ici au contraire, on l'aura compris, un ouvrage recensant les divers stratagèmes qui permettent de se livrer à l'oisiveté dans un pays où elle est constitutionnellement proscrite. En somme, les *Commentaires sur les chemins de ronde*, c'est un peu Thomas More revu et corrigé par Rabelais, auquel il est d'ailleurs allusivement fait mention à maintes reprises.

La réfutation du texte original commence sur les chemins de ronde, précisément, où les gardes censés protéger la ville « à la vérité, [...] ne veillent pas grand chose, si ce n'est la course des étoiles » (2). Cultivant, outre le goût de l'astronomie, celui du vin et des demoiselles, ils ne se préoccupent guère des « barbares venus du large », qui peuvent bien débarquer – « Débarquez donc », ne peut au demeurant s'empêcher d'ajouter notre guide utopien (2). Et l'on s'aperçoit bien vite que si les habitants de l'île rusent pour conserver leurs maisons plutôt que d'en changer régulièrement comme la loi l'impose, ils se soucient par contre fort peu des murs d'enceinte et des fortifications, par-dessus lesquels ils ont pris l'habitude de se débarrasser de leur rebuts jusqu'à donner aux lieux une configuration qui n'est pas sans rappeler certaine cité invisible d'Italo Calvino : « [...] ce franchissement, est-il noté à l'encre violette, c'était à l'époque reculée la première transgression qui devait amener la bonne ville d'Amaurote à déborder de ses propres limites [...]. » (11). Avec le temps, ce sont de véritables bidonvilles qui se sont construits hors des limites de la ville, ce premier anneau de chiffonniers au pied des remparts s'élargissant ensuite d'un deuxième anneau sylvestre, propre à accueillir « les très anciennes bacchanales, les rites chamaniques [et] les débordements gnostiques » (11). Cet épanchement de la cité utopique en cercles concentriques ne fait d'ailleurs que propager hors les murs le fouillis des villes bancales « poussé[es] spontanément – et de travers » (9), fouillis que les « septante » cartographes de l'île, obsédés de symétrie, ont dissimulé par la perfection de plans dessinés a posteriori « pour donner un ton officiel à du bâti sauvage » (14 ; 9).

Ainsi les *Commentaires sur les chemins de ronde* apparaissent-ils comme une revanche des Utopiens sur celle qu'ils appellent « la république somnifère » (19), près de cinq cents ans après la publication du livre qui la mit au jour. Non contents de se soustraire au règne de la loi, au dirigisme qui la garantit et au collectivisme qu'elle institue, les habitants de l'île trouvent encore le moyen de détruire jusqu'à l'accablante régularité géométrique du bel édifice utopique légué par Thomas More à la postérité, pour ne plus rien laisser debout : comme dans *Ruines-de-Rome*, Pierre Senges se charge de pratiquer les brèches dans lesquelles il pourra ensuite à loisir semer la zizanie (9 *bis*).

« UN VRAI LIVRE D'OR NON MOINS SALUTAIRE QUE DIVERTISSANT »

Voilà pour le premier niveau de lecture, où l'Utopien facétieux prend ses jambes à son cou et entraîne le lecteur à sa suite, exploitant les failles du dispositif et la relative malléabilité de cet or vil dont ses congénères ont cru bon de faire des vases de nuit et des entraves pour les prisonniers (35 *bis*). Cette lecture compensatrice, qui permet à notre héros indocile de s'affranchir tout à la fois de la tutelle de son créateur et de la tyrannique perfection d'un système apparemment verrouillé, est certes réjouissante. Elle ne rend cependant guère justice à l'Humaniste anglais, ni à l'ambivalence de son texte.

Car *L'Utopie* de Thomas More est un livre d'une facture complexe, et si la description de « la meilleure forme de communauté politique et [de] la nouvelle île d'Utopie[5] » fournie par le livre second, que commente l'authentique Utopien, peut apparaître ennuyeuse et liberticide à maints

5 *De optimo Reipublicae statu deque nova insula Utopia libellus vere aureus, nec minus salutaris quam festivus.* La traduction donne « la meilleure forme de communauté politique et la nouvelle île d'Utopie, un vrai livre d'or non moins salutaire qu'agréable », mais la lecture d'André Prévost lui-même autorise à y préférer le premier sens fourni par le dictionnaire : « où il y a fête, gai, amusant, divertissant [...] agréable, charmant, gracieux » (Félix Gaffiot, *Dictionnaire latin-français*, 1934, entrée « *festivus, a, um* [festus]. ») Il est notable que dès 1517, la deuxième édition, pensée par Thomas More et Érasme, remplace l'adjectif « *festivus* » par « *elegans* », contribuant à effacer la dimension ludique du texte.

égards, il ne faut pas perdre de vue le livre premier, dont il constitue le pendant, non plus que le péritexte dont s'accompagnaient les premières éditions. Ceux-ci contribuent en effet à faire d'*Utopia*, pour reprendre le sous-titre original de l'ouvrage, « un vrai livre d'or non moins salutaire que divertissant ». C'est à ce fonctionnement complexe de l'ouvrage de More, relativement méconnu, que je voudrais à présent prendre le temps de m'arrêter pour montrer qu'il n'est en réalité pas très éloigné de celui du texte de Pierre Senges.

La dimension ludique du livre de Thomas More a très rapidement été occultée au profit de sa dimension didactique. L'auteur lui-même a contribué à cet infléchissement par les modifications qu'il a apportées à la présentation du texte dès la seconde édition, mais c'est apparemment qu'un tel infléchissement répondait aux attentes d'un lectorat désireux d'y lire un véritable *traité de la meilleure forme de gouvernement*, au moment où le genre utopique qu'il initiait prenait son essor.

Cette dimension ludique resurgit en fait lorsque l'on considère la genèse de l'œuvre. Le livre II de *L'Utopie*, rédigé le premier, constitue en effet le deuxième volet d'un diptyque initié par l'*Éloge de la Folie* d'Érasme, lequel appartient au genre de l'éloge paradoxal, pratiqué par Lucien de Samosate dont les deux amis avaient traduits les textes[6]. Si le titre choisi par Érasme manifeste dès l'abord l'appartenance de son livre au genre, lequel consiste, comme son nom l'indique, à vanter les qualités de qui en est manifestement dépourvu, il n'en va pas de même avec le titre de More qui n'y réfère qu'allusivement. Après l'éloge de la folie, celui de la sagesse, mais quand la première prospère ici-bas, où trouver la seconde ? Nulle part répondent nos deux Humanistes, ce qui vaudra à l'île le nom de *Nusquama* puis d'*Utopia.*

Toute la toponymie, forgée sur le même principe, signale ce paradoxe duquel la société utopique dépeinte par More tire son origine, en même temps qu'elle incite le lecteur à conserver une certaine distance avec le

Voir sur ce point l'introduction d'André Prévost, « Introduction », p. CXCV in Thomas More, *L'Utopie*, *op. cit.*

6 Sur la dimension ludique et paradoxale du texte dans sa filiation avec l'*Éloge de la Folie* d'Érasme, voir l'introduction d'André Prévost à son édition de *L'Utopie* mais aussi Frank Lestringant, « La part du jeu, ou les origines rhétoriques de l'utopie », *Europe*, n°985, mai 2011, « Regards sur l'utopie », Jacques Berchtold (dir.), p. 39-51 ; et Françoise Lavocat, « Fictions et paradoxes. Les nouveaux mondes possibles à la Renaissance », p. 87-111 in F. Lavocat (dir.), *Usages et théories de la fiction*, Rennes, Presses Universitaires de Rennes, 2004.

récit : l'Anydre est le fleuve sans eau, l'Achorie le pays sans contrée, l'Alaopolécie la cité sans peuple, etc. Le patronyme de Raphaël Hythlodée lui-même grève son discours puisque il fait de lui un conteur de sornettes[7]. Ainsi le vent de folie apparemment introduit dans le livre de Thomas More par Pierre Senges, y soufflait en réalité depuis le départ… Et force est d'ailleurs de constater que les plaisanteries carnavalesques auxquelles se livre le Shérif de Londres sur l'or dont on fait les pots de chambre ne déparent aucunement la grivoiserie de *L'Utopie* revue et corrigée par Pierre Senges. De ce point de vue, les *Commentaires sur les chemins de ronde* apparaissent davantage comme un relais que comme une contradiction du texte original.

Mais la portée du livre de More, comme de celui d'Érasme, n'est évidemment pas uniquement comique : l'enjeu en est d'abord spéculatif, ainsi que leur origine commune permet encore de le comprendre. L'éloge paradoxal relève en effet de l'exercice rhétorique de la *declamatio*, destiné à l'entraînement à l'éloquence. Cet exercice a la particularité de libérer le rhéteur des contraintes inhérentes à la réalité pour lui ouvrir l'accès à l'expérimentation intellectuelle autorisée par la fiction. Voilà une deuxième bonne raison de considérer avec prudence la perfection utopique, et la volonté de mettre celle-ci en application. Même s'il est évident que la question de l'agir travaille le futur Chancelier d'Henri VIII, c'est mal comprendre son *Utopia* que d'y voir en germe le totalitarisme comme on a parfois pu le faire au XXe siècle, pour la bonne raison qu'elle n'a jamais constitué un programme, mais une expérience de laboratoire. Où l'on constate à nouveau que la démarche de Senges n'est pas si éloignée de celle son prédécesseur puisque toutes deux tirent en fait leur origine d'une hypothèse plus ou moins farfelue.

La dimension conjecturale de *L'Utopie* originale s'accompagne en outre d'une dimension critique. Cette dimension critique, qui fournit l'impulsion contrefactuelle, est manifeste dans le livre premier, où Thomas More se met en scène avec son ami Pierre Gilles, discutant avec Raphaël Hythlodée des dysfonctionnements de la société anglaise. Mais elle détermine également la structure même de l'ouvrage, l'utopie du

7 André Prévost pointe en outre de nombreuses contradictions au sein de l'Utopie elle-même, qui montre les Utopiens non pas parfaitement sages, mais suffisants et cyniques dans leurs relations aux peuples voisins notamment. Ces contradictions constituent selon lui un appel au lecteur à briser le miroir d'*Utopia* pour atteindre ensuite à une utopie intérieure.

second livre réclamant d'être lue en regard de la dystopie du premier. Comme les premiers commentateurs l'avaient très bien vu, le dispositif qui articule le diptyque est en fait celui du miroir[8] dans lequel *Utopia*, par un mécanisme compensatoire, se donne à lire comme une Angleterre renversée[9].

Ainsi que l'a montré André Prévost, auteur d'une monumentale édition critique de *L'Utopie* restaurée dans sa forme originale, il ne s'agit donc nullement pour Thomas More d'offrir à ses contemporains un modèle, mais un instrument critique et heuristique, un « nouvel organon[10] » pour servir à l'élaboration d'une réflexion politique. Le caractère pédagogique d'un tel instrument est d'ailleurs exposé au sein même de l'ouvrage lorsque, Raphaël ayant exprimé son refus de se mettre au service d'un roi au motif que celui-ci restera sourd à ses discours, le personnage de More lui explique que si la scolastique est inefficace auprès des souverains parce qu'« il ne faut pas chercher à faire pénétrer dans l'esprit de personnes imbues d'opinions toutes différentes des idées déconcertantes qui, on le sait, ne sauraient peser bien lourd », il est « une autre philosophie, mieux instruite de la vie en société », qui adopte « une voie moins directe » pour parvenir à ses fins[11].

La remarque vaut bien évidemment pour *L'Utopie* elle-même qui, non contente d'appeler une lecture oblique par les contradictions internes qu'elle cultive, se présente en outre volontiers sous des dehors ésotériques. C'est la fonction de l'alphabet utopien et de certains cartouches qui accompagnaient initialement le texte, que de signaler tous, à leur façon, la nécessité de mettre en œuvre une démarche de déchiffrement[12].

---

8 La lettre de Jean Desmarais accompagnant le texte dans l'édition de Paris introduisait déjà la métaphore éclairante du miroir : « d'une manière plus pressante, très érudit Pierre Gilles, je vous prie d'assurer dès que possible la publication de *L'Utopie* car on peut voir en elle, comme dans un miroir, tout ce qu'il faut pour qu'une communauté politique soit bien ordonnée. » (Lettre de Jean Desmarais à Pierre Gilles, Louvain, Th. Martens, 1516).

9 « En effet, explique ainsi Simone Goyard-Fabre, la texture de l'"autre" monde possède, en chacune de ses fibres, une puissance critique. Par un admirable effet spéculaire, les structures institutionnelles d'Utopie révèlent les failles et les faiblesses des gouvernements de la terre » (in Thomas More, *L'Utopie ou Le Traité de la meilleure forme de gouvernement* [1516], traduit de l'anglais par Marie Delcourt, édition de S. Goyard-Fabre, Paris, Flammarion, 1987, p. 31).

10 Voir sur ce point A. Prévost, « La genèse de l'œuvre, de la Moria à la Nusquama », Thomas More, *L'Utopie*, *op. cit.*, p. XXXI.

11 Thomas More, *L'Utopie*, *op. cit.*, p. 61 et 62.

12 Dans le texte de Pierre Senges, la lecture cryptographique est convoquée par certains des titres d'œuvres qui le parsèment, à commencer par la *Stéganographie*, traité chiffré

Ludique, oblique, énigmatique, *L'Utopie* de More, on le voit est non seulement ambivalente, mais tout entière tendue vers l'interprétation. Et je terminerai mon *excursus* sur le texte renaissant en signalant son caractère éminemment dialogique. Le dialogue d'abord est omniprésent au livre premier, que More écrivit après le livre second et dont la fonction est précisément de briser le monologisme du discours de Raphaël Hythlodée, par sa mise en relation avec d'autres discours et par le recours à des procédés dramatiques[13]. La conversation à laquelle se livrent les protagonistes rappelle en outre les vertus heuristiques du dialogue, tel que les Humanistes le pratiquaient[14], et tel qu'il se manifeste aux abords directs de l'œuvre à travers les *parerga* qui l'accompagnent, particulièrement denses dans les premières éditions.

Ces divers éléments péritextuels, qui tous exploitent la zone critique du seuil pour entretenir un jeu d'illusion librement consentie quant à la fictionnalité d'Utopia, revêtent diverses fonctions. Il s'agit, là encore, d'asseoir le caractère dialectique de l'œuvre, mais aussi de favoriser sa diffusion grâce à la caution fournie par ce cortège d'éloges[15]. Enfin, dans cette conversation écrite entre les Humanistes du temps, il y va de cette République des Lettres qu'évoque Guillaume Budé dans sa lettre introductive, laquelle constitue à sa manière l'incarnation du droit de l'amitié qui fonde *L'Utopie*.

---

d'inspiration kabbaliste de Johann Tritheim publié en 1606 (40).

13 Cette dimension dramatique de l'œuvre a été mise en lumière par A. Prévost et a fait l'objet de nouvelles analyses par Jean-François Vallée, « The Fellowship of the book : Printed voices and written friendships in *More's* Utopia », p. 42-60 in Dorothea Heitsch et Jean-François Vallée (dir.), *Printed voices : the Renaissance culture of dialogue*, Toronto-Buffalo-London, University of Toronto Press, 2004.

14 Pour des précisions sur cet aspect, on lira les analyses de Françoise Lavocat, Frank Lestringant, et Jean-François Vallée déjà citées.

15 Sur « le mouvement de la dialectique et de la maïeutique » qui caractérise *L'Utopie*, voir A. Prévost, chapitre II. Sur l'importance encore mal mesurée du genre du dialogue à la Renaissance pour l'innovation intellectuelle, voir l'ouvrage dirigé par Dorothea Heitsch et Jean-François Vallée déjà cité, notamment l'avant-propos.

L'UTOPIE ÉRUDITE DE PIERRE SENGES

Je voudrais à présent revenir au texte de Pierre Senges à la lumière de cette relecture de *L'Utopie* de Thomas More.

Il apparaît clairement tout d'abord qu'à travers ces *marginalia* qui renchérissent ironiquement sur celles qui ornaient déjà *L'Utopie*, Senges poursuit ce dialogue constitutif avec son prédécesseur, comme avec nous[16]. Le dispositif a toutefois changé puisque le commentaire, qui était destiné chez More à orienter la réception de *L'Utopie*, paraissait accessoire et a pu de ce fait être occulté, passe au premier plan avec le texte de Pierre Senges. Par leur ampleur, les annotations à l'encre violette de notre authentique Utopien endossent en fait le rôle tenu dans le texte original par l'ensemble du péritexte, soit les trois fonctions du dialogue que je viens de signaler : interpellation du lecteur, mise en circulation du texte de *L'Utopie* et relation poursuivie *in absentia* avec Thomas More et les commentateurs de l'œuvre, par-delà les siècles. Mieux, les *Commentaires sur les chemins de ronde* thématisent ce qui était dans l'hypotexte de l'ordre du non-dit, pour en faire progressivement le nœud de leur intrigue.

Car l'esclave fugitif a un péché mignon : s'introduisant frauduleusement dans les bibliothèques « en déshérence » d'Utopia (9), il y vole des livres rares pour constituer ce qu'il qualifie de « bibliothèque autour des bibliothèques » (25). Après avoir tenté sans grand succès de recourir, pour y dissimuler son butin, aux 1485 routes de l'île « le long desquelles [il avait] prévu d'enfouir autant de livres, un par chemin » (37), il finira par imaginer « plutôt ceci » :

> [...] autour de l'île d'Utopie (deux cents milles dans sa plus grande largeur), à intervalles réguliers, plusieurs caissons étanches et flottants, immergés aux deux tiers, maintenus par une ancre ; ils dansent sur l'eau loin des côtes, au gré des marées hautes et basses – et dans chaque boîte : un livre. En tout, 1485 bouées – pour que leur nombre rappelle celui des routes – dessinent une couronne que l'on devine de loin si on s'en donne la peine, et que l'on

16 Pour André Prévost, ces *marginalia* tour à tour didactiques et enthousiastes « introduisent dans l'œuvre une nouvelle dimension dramatique, une connivence avec un autre personnage » (note 2, Thomas More, *L'Utopie*, *op. cit.*, p. CXXV).

> apercevrait de haut si quelque chose, en plus d'une voile pour prendre le large, nous permettait de gagner en altitude, pour embrasser le paysage. (48)

À la manière des ondes circulaires concentriques qui rident la surface de l'eau après la chute d'une pierre, cette couronne de livres que l'esclave en cavale rêve de tresser à son île ajoute un anneau supplémentaire à ceux des chiffonniers et des sectateurs des bois que j'ai déjà évoqués, dans une représentation métatextuelle de cette mise en circulation du livre de More dont le cercle des Humanistes s'étaient les premiers chargés. Il apparaît alors que les *Commentaires sur les chemins de ronde* constituent en fait la première de ces ondes de propagation, celle qui permet d'utiliser le mur d'enceinte comme une assise pour l'expansion plutôt que comme une limite contenante.

Or, notre authentique Utopien ne s'en tient pas là :

> [Il] suppose aussi une flotte de lecteurs déguisés en petits marins. [...] Une clef permet d'ouvrir ce coffre insensible à l'eau comme au sel ; alors, dans la barque, les mains libres, [le lecteur] poursuit sa lecture (il s'amarre à la bouée, il s'amarre à son ancre ; ce n'est pas vraiment immobile, mais ça tient). Une fois chose faite, il referme le tout et se décroche – chacun s'en va selon son destin : lui de retour vers *L'Utopie*, le livre flottant toujours au large [...]. (48)

Et l'on ne peut s'empêcher de voir dans cette bibliothèque flottante qui n'a plus rien d'une forteresse inattaquable et dans ces lecteurs dérivants qui s'amarrent le temps d'une lecture, une image heureuse du savoir rendu accessible à tous par la navigation sur le réseau...

Parce que « l'authentique Utopien » est un esclave en fuite qui cumule les statuts d'adultère récidiviste, déserteur et voleur, cette remise à flots de *L'Utopie* se fait par ailleurs à la manière typiquement sengienne. De telles qualités opèrent tout d'abord une bascule de la perception en faveur du point de vue de l'idiot cher à Pierre Senges, mais elles constituent en outre le vecteur idéal de la dissémination de *L'Utopie*, qui franchit illicitement les murs d'enceinte sous un déguisement bouffon pour parvenir jusqu'à nous, portée par le désir.

Affleurant dans les plaisanteries grivoises destinées à contrecarrer une vision hygiénique de la sexualité considérée comme l'assouvissement d'un besoin corporel semblable à la démangeaison (39), le désir est en effet fondamental dans la réécriture de Senges. Et si toute son œuvre peut certainement être lue comme l'expression de la *libido sciendi* qu'il a en partage avec les auteurs dont son écriture se nourrit, les *Commentaires sur les chemins de ronde* révèlent en outre que l'effraction joue un rôle considérable dans le processus, en tant qu'elle constitue le moyen pour l'écrivain de rendre ce désir contagieux.

Car ce qui rend la forteresse du savoir imprenable, c'est la poussière accumulée dans la bibliothèque bien davantage que les verrous. Le protagoniste des *Commentaires sur les chemins de ronde* est une figure de l'écrivain – comme toujours chez Pierre Senges plagiaire, faussaire, et imposteur –, et dans cette appropriation par effraction on peut sans doute voir une image de l'autodidaxie de l'auteur. Dans le cas présent, cette appropriation ne vaut cependant que comme condition préalable à la mise en circulation comprise comme désir d'appropriation par un tiers. D'où la fascination, qui s'exprime ici comme dans le reste de l'œuvre, pour les livres légendaires « qui n'existent, sans manières, que de bouche à oreille » (25).

La bibliothèque du voleur, qui fait une grande place aux œuvres cryptées, délaisse ainsi le canon au profit des œuvres mineures ou apocryphes : de Plutarque, par exemple, *Sur le visage qu'on voit sur la lune* plutôt que douze cent exemplaires des *Vies Parallèles* ; d'Homère *La Guerre des rats* en contrepoids de *L'Odyssée* (40 *bis*). Une telle attitude réclame évidemment d'être mise en perspective avec le rapport que les Utopiens entretiennent au livre. Tandis que Raphaël Hythlodée, se félicitant de la rapidité de l'acquisition des techniques européennes qu'il a importées sur l'île, rapporte qu'en Utopie, on maîtrise la rotative et l'art de l'imprimerie, les *marginalia* à l'encre violette nous apprennent par contre que :

> [...] le contenu minuscule et chicanier du livre importe peu (on laisse les controverses aux astronomes, on ne s'intéresse pas à des coquilles de la taille d'un cachou) ; le contenu assomme, mais la valse du papier autour des rouleaux encreurs, qui dévident avec la majestuosité d'un marchand de tissu, la valse du papier qui s'étale et abonde, la valse de ses plis et pour finir la voracité du brochage : voilà qui réjouit l'Utopien ; il mesure son plaisir à la tonne. (40 bis)

Les œuvres que recherche l'authentique Utopien, fantaisistes et que leur rareté rend éminemment précieuses, ont quant à elles le mérite de ranimer la curiosité pour le contenu. Elles offrent l'occasion d'une lecture buissonnière diamétralement opposée à la lecture soporifique en vigueur en Utopie au début de chaque repas, cette lecture des « textes saints, demi-saints, vertueux jusqu'à la syntaxe : rosaire de morale pieuse prononcé sur un ton de monodie bénédictine par le profil pâle et mince d'un prêtre, en chaire, dans un coin de la pièce », que les chants avinés des convives ont « tôt fait de recouvrir » (30).

Comme dans *La Réfutation majeure*, l'enjeu est au fond d'escamoter le trésor pour lui restituer son pouvoir d'attraction. Et si notre Utopien monte-en-l'air « s'attribue le droit de retirer un livre hors de l'oubli d'un placard, c'est pour offrir à sa légende un épisode de plus » (25). La dissémination devient ainsi partie prenante du plaisir de lire :

> *Le Testament de Porcellus* : je le relis avec fidélité, pourtant sans aucune indulgence – en morceaux, ses pages décousues s'abandonnent entre mes doigts, lorsque je le feuillette ; l'ouvrage devient sous le vent du nord, une sorte de bouquet éparpillé joueur, et la lecture se transforme en course poursuite à quatre pattes. Je passe le reste de ma journée ensuite à mettre de l'ordre dans une brassée de feuilles volantes – mais bien souvent le temps me manque et la brassée, sous le coude, reste brassée. (40)

Le texte de Senges, qui semble au premier abord corriger celui de Thomas More, réactive en réalité les dimensions ludique et dialogique originellement présentes dans l'œuvre : il revisite *L'Utopie* plus qu'il ne la contredit. Et si son « authentique Utopien » s'est échappé du livre de More comme il avait déjà brisé ses fers d'esclave adultère récidiviste, il n'en apparaît pas moins, au même titre qu'Hythlodée cinq cents ans plus tôt, comme un nouvel envoyé de cette Utopie à laquelle il donne corps.

Il apparaît ainsi que le parergon que constituent les *Commentaires sur les chemins de ronde* relance le texte original de deux façons. En commentant *L'Utopie*, Pierre Senges l'exhume de la bibliothèque poussiéreuse pour la remettre en circulation. Ce faisant, il la ranime, réveillant[17] le dynamisme et le mouvement présents au départ et occultés devant le fixisme des institutions et des lois de la République d'Utopie. Ce qui est en jeu dans cette reviviscence dont participe peu ou prou l'ensemble de l'œuvre sengienne, c'est non seulement une pratique de l'érudition

17 Ce réveil des bibliothèques endormies fait écho à l'histoire de *L'Ignorant bibliomane* de Lucien (40) dont les livres, gardés sous clef, restent lettre morte. Si l'imaginaire fabuleux de la bibliothèque poussiéreuse hérité du XIXe siècle nourrit indubitablement un écrivain comme Pierre Senges, il semble bien que son œuvre opère une mutation, par laquelle la bibliothèque s'ouvre aux quatre vents.

comme source de fabulation mais aussi une utopie du savoir lui-même, celui, pour reprendre une formulation de l'auteur, d'« un encyclopédisme qui n'est plus assignation mais inquiétude et volonté » (40). Un encyclopédisme qui a en outre la particularité d'opposer la dérive et la dissémination à la thésaurisation mise en œuvre par les Humanistes de la Renaissance, pour proposer une image nouvelle de la mise en réseau qui n'est pas sans évoquer la mutation du livre que nous sommes en train de connaître, sous un jour pour le moins optimiste.

Audrey CAMUS

LA CARENCE ET L'EXCÈS

Information et lacune dans *Les Aventures de Percival*

Un antagonisme commande la création de Pierre Senges. La passion de la réduction – amputation croissante du narrateur des *Veuves au maquillage*, hommage à l'écriture aphoristique dans *Fragments de Lichtenberg*, usage de scories kafkaïennes dans *Études de silhouette* – alimente un travail inverse de comblement et saturation, où l'érudition s'allie à la fantaisie pour rendre proliférants les éléments les plus ténus et faire du moindre vestige prétexte à listes, digressions et commentaires, jusqu'à devenir « savoir du trop [...], savoir de trop, savoir en trop qui sait plus que savoir qui ne sait donc plus » – pour reprendre une formule appliquée par Jean-Luc Nancy aux textes de Christian Prigent[1]. C'est cette dynamique que je voudrais suivre dans *Les Aventures de Percival*, un *conte phylogénétique* paru en 2009 qui propose une série de variations sur le motif connu du singe composant par hasard, sur une machine à écrire, un des chefs-d'œuvre du canon littéraire.

UNE SURFACE SATURÉE DE SAVOIRS

Les Aventures de Percival, le primate, et du savant qui l'observe, McIntosh, confrontent le lecteur à un dialogisme effréné, d'autant plus sensible que le texte insiste sur la pauvreté de sa matière diégétique. Face à une intrigue répétitive que le narrateur réduit à « cinq symboles peints sur du carton épais *(homme, Percival, banane, oui, non, taper-machine)* » (*AP*, 76), et que la construction d'une généalogie d'œuvres ayant déjà

1 Jean-Luc Nancy, « Langue de bois », *Il Particolare*, n° 4-5, 2000-2001, p. 140-141 (p. 141).

traité le motif du singe dénonce comme éculée, tout se passe comme si le recours à l'encyclopédisme permettait de redonner au récit une richesse fondée sur un travail ostentatoire de greffe interdisciplinaire et intertextuelle.

Le dialogue le plus manifeste rattache le conte aux sciences et établit une forme d'auctorialité collective. Selon le principe collaboratif des « contes illustrés pour adultes » publiés aux éditions Dis Voir, le livre est certes signé par Senges, pour le texte, et Nicolas de Crécy, pour les illustrations, mais, tel un film, il se présente comme le produit d'une « équipe de réalisation » (*AP*, 2) qui inclut également une graphiste, l'éthologue Dominique Lestel et le botaniste Alain Richert. Ces deux spécialistes du comportement animal et de la flore ont donc participé à la genèse de l'ouvrage. Or, si ce type de collaboration est devenu rare depuis le début du XXe siècle, il a marqué certaines des entreprises didactiques les plus ambitieuses du siècle antérieur : Delillle publia en 1808 ses *Trois Règnes de la nature*, dont les huit chants sont complétés par des notes en prose dues à Cuvier et d'autres savants ; dans les années 1890, le biologiste Charles Richet demanda au poète Sully Prudhomme une série d'articles sur l'évolutionnisme pour sa *Revue scientifique*, avant de réunir leurs échanges dans *Le Problème des causes finales*, paru en 1901. *Les Aventures de Percival* semblent à première vue renouer avec cette tradition, pour *mettre en culture*[2] des connaissances fournies à l'écrivain par ses interlocuteurs. Aussi le livre adopte-t-il certains codes de la communication savante. Les espèce reçoivent leur appellation normalisée : le chimpanzé est « pan troglodyte » (7), la mouche *musa domestica* (13) et la rafflesia *Rafflesia arnoldii* (18). De nombreuses indications convoquent le vocabulaire de la physique et de la chimie : on apprend que le gluon est une particule relevant « du groupe *boson de jauge* » (17) ou que « la chair de la banane [est] un tissu parenchymateux, amylacé, au parfum d'acétate d'isoamyle » (73). Le début de l'ouvrage nomme de nombreux primatologues et des mathématiciens comme Émile Borel. Le lecteur est renvoyé à des ouvrages précis, via des références bibliographiques comme « Animal Play Behavior, *Oxford University Press, 1981* » (62). Dans les chapitres où Percival et son maître se métamorphosent en plantes, le texte emprunte un lexique spécialisé pour expliquer

2 Voir Jean-Marc Lévy-Leblond, *Mettre la science en culture*, Nice, Anais, 1986.

que les végétaux s'enroulent de manière *dextrogyre* ou *lévogyre* (109), et l'épisode s'accompagne de considérations sur la mobilité, la sensibilité et la génétique végétales qui sont conformes à l'état actuel des savoirs botaniques. Surtout, le récit est sans cesse rattaché à une classification de postures employée par les spécialistes du comportement animal. Au cœur du texte, l'usage de l'anglais signale, entre crochets ou parenthèses, la manifestation d'un de ces comportements types ou éthogrammes, par exemple dans la liste « contact manuel *(touch)*, pirouette *(spin)*, va-et-vient *(pacing)*, inclinaison de la tête *(head tilt)*, saillie des lèvres *(duck face)*, grimace *(wrinkly face)* » (28). Les titres des chapitres débutent par la mention « L'animal », suivie d'un verbe de comportement. En fin de livre, une « table des éthogrammes » (122) remplace la table des matières.

Un second ensemble intertextuel, littéraire, conjugue érudition et trouble de l'auctorialité. Les œuvres susceptibles d'être composées par le chimpanzé sont tantôt des titres de Shakespeare, dont des extraits sont fréquemment cités, tantôt des textes de Brantôme, Dante, Dumas ou La Fontaine. Sans surprise, Percival, dont le nom renvoie aux gestes médiévales, « regrette de ne pas être, par exemple, l'un des chevaliers d'Arthur dans l'une des pages de Chrétien de Troyes » (*AP*, 42) ; mais ses aventures sont aussi comparées à celles de Münchhausen et Rocambole, et quand il pose au poète, il se rêve Verlaine, Mallarmé ou T. S. Elliot. Des références moins explicites, mais transparentes, apparaissent sous forme de pastiches, d'échos diégétiques et formels, ou dans l'onomastique. *Le Cimetière marin* de Valéry fournit la matrice d'une réflexion sur « la banane, la banane, toujours recommencée » (33). Comme chez Perec, quand, sur la machine à écrire, « le e ne marque plus [...] on apprend à s'en passer » (34), tandis qu'ailleurs Percival vit, comme chez Carroll, une histoire « de course de petite fille après un lapin blanc » (106). Le singe a pour père Alcofribas, et ce nom apparaît dans une parodie de généalogie biblique qui s'inscrit dans la lignée de Rabelais (11). On apprend que certaines versions attribuent à Percival le nom de Manfred, ou Murphy (56), un renvoi à Beckett (dont les personnages présentent une même fragilité ontologique et qui se prénomme Samuel comme le laborantin McIntosh). Cet inventaire partiel donne à mesurer l'étendue de la bibliothèque convoquée, qui embrasse aussi la théorie littéraire, quand, volontiers engagé dans le commentaire de son propre texte, le locuteur s'interroge sur son statut de « conteur crédible – crédible en tant qu'affabulateur » (107).

Enfin, Senges multiplie des insertions didactiques en apparence gratuites, se saisissant d'un segment narratif minuscule pour délivrer un savoir hétérotopique, aussi trivial que précis : le singe Sultan souffre de furoncles sans se plaindre, « ce qui le distingue de Karl Marx » et il utilise un tabouret en « octobre 1925, alors que Chamberlain signe le pacte de Loncarno » (*AP*, 8) – comme si chaque détail devait servir d'ancrage à un tissu d'anecdotes érudites puisées dans un réservoir encyclopédique sans cesse mobilisable.

Une telle saturation vaut *satire*, conformément à l'étymologie de ce terme, car nombre des informations délivrées sont d'évidence contrefaites. On n'imagine guère que les éthologues aient forgé la catégorie des comportements animaux « littéraires » recensés dans la table (*AP*, 126), et encore moins que la « dactylographie *(typewriting)* » (28) fasse partie de ces éthogrammes. Dressant la liste des auteurs censés avoir employé le motif du singe écrivain, Senges indique : « À la veille de sa mort survenue le 31 mai 1832, Évariste Gallois ébauche dans la marge d'un cahier une nouvelle version de la fable (incomplète) dans laquelle le chimpanzé s'appelle Gustave et s'apprête à rédiger sans y parvenir tout à fait les sept premiers vers de *La Carmagnole* [...] » (20). La précision de la date, du nom de l'animal et du titre à reproduire rend patente l'improbabilité d'une telle affirmation – à moins que le lecteur ne doive distinguer ce Gallois du célèbre mathématicien, dont le nom ne comporte qu'un l, mais qui est mort le 31 mai 1832. Le narrateur ne se soucie donc guère d'être tenu pour un informateur « crédible en tant qu'affabulateur », et de tels écarts au vraisemblable, mêlant données réelles et controuvées, empêchent l'instauration d'un contrat de lecture didactique. Si chaque lecteur repère des renvois à des éléments avérés, et identifie, à l'inverse, des références fictives, aucun ne peut soumettre à ce crible toutes les données extradiégétiques charriées par le récit. On en est donc réduit à mettre en doute chaque information inconnue. Peut-on se suicider en ingérant trop d'amandes, par excès d'« acide cyanhydrique » ? « Allez savoir », indique ou ironise le narrateur (47). Un auteur du nom de Léonard de Pise a-t-il vraiment « fait paraître son *Liber Abbaci* » en 1202 (19) ? Après vérification, l'une et l'autre question trouve une réponse positive. Les amandes contiennent un dérivé de cyanure, et Leonardo Pisano a bien publié ce traité mathématique à la date indiquée. Mais Senges se garde d'indiquer que le Pisan n'est autre que Fibonnaci, nom rendu autrement familier par la célèbre *suite de Fibonnaci*, et il emploie la formule « faire paraître », qui, plus adaptée à un imprimé, semble vouée à nourrir chez le lecteur une suspicion indue. Or cette réception dubitative et la tentation de consulter des ouvrages externes sont encore alimentées par les allusions ludiques déjà signalées, qui incitent à essayer de décrypter toute indication ponctuelle par l'érudition.

Il existe normalement une part de satisfaction dans la mise en œuvre de ce type de lectures. Celui qui lit qu'« *un* t *ne précède pas un* o *pour rien, un* e *ne suit pas un* b *sans raison* » et reconnaît le *to be* d'Hamlet déjoue convenablement une énigme et reconnaît que ces lettres ne sont pas choisies « pour rien » (*AP*, 73). De même, un lecteur au fait du paradoxe du chat de Schrödinger comprend d'emblée que Senges joue avec ce motif quand il évoque les « deux occurrences d'un seul chat » que McIntosh auraient offertes à Elisabeth Schwartzkopf (16). Mais Senges n'offre ces contentements que pour les inquiéter, la mobilisation herméneutique d'un savoir externe se heurtant à un double obstacle. Premier écueil, le lecteur tenté de faire jouer sa propre encyclopédie ne sait pas toujours s'il puise au bon répertoire, ni même s'il a affaire à un jeu allusif. Il arrive par exemple que la culture littéraire puisse engager sur une fausse piste. Quand le narrateur indique que le motif du singe écrivain fut traité par « John Lighton Synge, mathématicien venu de Dublin » (20), il est tentant de ne voir dans ce pseudo savant irlandais qu'une allusion à son compatriote dramaturge, Edmund John Millington Synge, l'auteur du *Baladin du monde occidental*. Mais ce serait une interprétation de demi habile, car ce célèbre Synge eut bien pour neveu le savant cité. Inversement, quand Percival compose « des suites de x ou de y, ou de points comme des alignements de pois chiches » (58), faut-il y lire une allusion aux pois que cultivait le père de la génétique, Mendel, et voir dans ces x et y autant d'allusions aux chromosomes ? La lecture érudite a toujours conscience de risquer le délire interprétatif et, second écueil, plus elle réussit localement, plus elle est conduite à s'interroger sur la présence d'allusions qui, ailleurs, lui échapperaient, faute de connaissances. Une rapide enquête sur John Lighton Synge révèle ainsi qu'il a composé en 1957 *Kandelman's Krim*, un roman mathématique offrant un dialogue entre une déesse, un plombier et divers personnages improbables, si bien que la recherche relance le doute, en conduisant à se demander si le savant n'a pas réellement pu se pencher sur le motif du singe écrivain. Le paradoxe de cette création saturée de connaissances est qu'elle finit par assigner au lecteur une tâche de vérification systématique des informations qu'elle est censée lui livrer, en faisant peser le soupçon sur l'encyclopédie qu'elle mobilise comme sur celle dont dispose l'interprète.

DES MATRICES SCIENTIFIQUES PROFONDES

Si *Les Aventures de Percival* n'entretiennent pas avec les savoirs une relation telle que l'ouvrage se soucierait sérieusement de vulgarisation, le texte laisse en revanche identifier la présence de modèles savants, que le livre emploie à un niveau plus global pour motiver son organisation, et, avec elle, son traitement de l'érudition. Senges puise pour cela à trois disciplines : la physique, l'algèbre et la biologie évolutionniste.

La vraisemblance des informations extradiégétiques délivrées localement, normalement vouées à ancrer celle de l'action, n'a ici aucune importance, parce que le livre n'est pas un conte traditionnel. Si le pacte fictionnel propre à ce genre, et rappelé dans le prologue, est l'« axiome célèbre *: Il était une fois* » (*AP*, 5), *Les Aventures de Percival* expérimentent une axiomatique où il serait plusieurs fois. Le texte additionnant les variantes concurrentes d'une même histoire, le couple du vrai et du faux et la règle de la non contradiction n'y sont pas pertinents. Les « différentes versions » présentent McIntosh « parfois comme mathématicien de métier et jardinier amateur ; parfois comme jardinier professionnel et mathématicien du dimanche » (12) et lui attribuent un « air à la fois de pluricentenaire et de jeune homme, polisson » (13). Des formes sont « rondes et carrées » (37). Le singe est un chimpanzé du Congo, un orang-outan de Bornéo, mais aussi un chimpanzé de Bornéo, bien qu'« en temps normal on n'y dénombre aucun chimpanzé » (24). Un « martini blanc » (84) devient après boire un « Bloody Mary » (102), etc. Le principe de cohérence qui préside à chaque variante cède la place, à l'échelle globale, à une logique qui fait du texte une collection de récits alternatifs, ancrant autant de mondes parallèles dont les encyclopédies peuvent elles-mêmes devenir différentes. Au reste, le lecteur ne sait pas toujours si le locuteur qui s'adresse à lui constitue un narrateur interne à la version suivie dans le chapitre en cours, ou s'il adopte une vision surplombante, au fait de toutes les versions qu'il compile. Instable, cette fonction de locuteur peut être occupée par le singe, quand le narrateur écrit : « Pour les chimpanzés de mon espèce (mon genre, ma famille), la méditation cartésienne peut accompagner agréablement les siestes » (68-69). Il lui arrive aussi d'être assumée par le savant, quand McIntosh « s'oblige à écrire *Les Aventures de Percival*, toutes les versions d'une même fable » (116) – mise en abyme d'autant plus vertigineuse que le nom du « jouvenceau centenaire » (119) est aussi celui d'une gamme d'ordinateurs, ce qui suggère un texte sans autre auteur que son outil de composition. Autre métalepse, le singe semble parfois agir en prenant en compte d'autres variantes de son histoire : doté ponctuellement de congénères avec lesquels sociabiliser, « il ne s'en prive pas, comme s'il savait combien d'autres versions plus austères choisissent de le laisser seul » (45). Et ce principe de coexistence de possibilités exclusives explique encore le recours à la figure autocorrectrice de l'épanorthose, dans des tours comme « nos sexes répondaient à nos désirs (ou faut-il dire : *avaient du répondant* ?) » (92). La diégèse posant des événements contradictoires mais simultanément valables décrit une réalité conforme aux hypothèses de la physique fondamentale, qu'il s'agisse de la théorie quantique, ce qui motive les références au chat de Schrödinger, ou, dans une moindre mesure, de la théorie de la relativité générale, à laquelle Senges renvoie lorsqu'il évoque les jumeaux d'Einstein, du même âge, et pourtant jeune et vieillard (21).

Cette règle de compossibilité relève également des mathématiques et de la combinatoire, représentée dans l'œuvre par les noms de Raymond Lulle et de Leibniz, deux savants que Valéry rangeait précisément parmi « ceux qui ont entrevu le *formel*, l'exercice symétrique de simples substitutions comme enveloppant et dépassant toutes les connaissances[3] ». Si Senges nous invite à son tour à « entendre comment la science algébrique renouvelle ses comptines » (*AP*, 21) et dépasse les connaissances, c'est que son texte illustre la façon dont une intrigue minimale peut se prêter à une série de variations, dès lors que ses éléments sont traités comme des signes sans référent externe limitant leur agencement. Quand le singe

3 Paul Valéry, *Cahiers*, éd. J. Robinson, Paris, Gallimard, « Bibliothèque de la Pléiade », t. II, 1974, p. 783.

« éternue et meurt, ou meurt et éternue » (81), la seconde proposition de succession est illogique dans un cadre impliquant un dictionnaire où *être mort* est incompatible avec *éternuer* ; mais un tel dictionnaire indiffère dans une démarche purement algébrique. Dire que McIntosh est « mathématicien ou jardinier, ou l'un et l'autre à la fois » (21), ou que chaque version de la fable en redistribue les cinq « cartons », revient à explorer les combinaisons offertes par un couple ou une série de cinq, et le texte ne cesse de décrire ce procédé. Il « suppose l'énumération des parties supérieure à un tout déjà sublime » (35) parce que cette fragmentation permet des réorganisations qui incluent et dépassent l'agencement premier. Ce point est d'ailleurs thématisé par la fable matricielle : imaginer un singe capable de reproduire par hasard une pièce de Shakespeare, c'est poser que les lettres de l'alphabet auxquelles on peut réduire le chef-d'œuvre contiennent virtuellement ce dernier, ainsi que tous les textes possibles. D'où le caractère jubilatoire d'une telle pratique, un « plaisir » de la « mécanique » sensible dans une formule comme « les milliers de combinaisons passent pour milliers de raison de vivre, milliers d'existence possibles, ou scénarios d'existence » (30). Alors la figure emblématique n'est plus l'épanorthose, mais l'anagramme, érigé en outil opérationnel pour transformer tout objet et peut-être tout savoir en un nouvel objet, non moins efficace : lorsque le singe démonte sa machine à écrire pour en faire un toaster, le narrateur y voit « presque une science de l'anagramme, il s'agit de combiner les mêmes éléments selon un ordre différent » (36).

Ce principe permutationnel enclenche à son tour sur la biologie, que le sous-titre de l'ouvrage met en avant. L'adjectif *phylogénétique* fait écho aux travaux consacrés depuis plus d'un siècle à la mise au point d'une classification des espèces conforme à « leur apparentement évolutif, et à lui seul[4] ». Il serait trop long de détailler les principes mobilisés par les nomenclateurs qui établissent différents modèles d'arborescences généalogiques, fondées sur l'apparition de caractères dérivés, ainsi que sur l'analyse informatique des différences dans le patrimoine génétique des espèces, avant de confronter ces résultats pour déterminer les séquences évolutives les plus probables. L'important est qu'en optant pour ce qualificatif, Senges rappelle qu'une longue lignée d'auteurs a

4 Guillaume Lecointre et Hervé Le Guyader, *Classification phylogénétique du vivant*, Paris, Belin, 2001, p. 5.

comparé depuis Darwin la vie des langues, des genres littéraires, voire des textes eux-mêmes, à l'évolution des espèces naturelles – une analogie à la fois lâche et opératoire, qui reste aujourd'hui motivée par le fait que les logiciels de repérage des plagiats utilisent les mêmes principes que les programmes de comparaison des séquences d'ADN, ou encore, par le fait que les spécialistes de codicologie médiévale construisent aussi des arbres fondés sur le repérage des écarts pour classer les versions d'un récit, telles les épopées traitant de Perceval. De nouveau, cet enjeu interdisciplinaire est thématisé dans la fable matricielle, puisque l'expérience sur l'aptitude du singe à écrire revient, chez Senges, à tester la valeur d'une distinction entre animal et humain dont la pertinence diminue à mesure que le chimpanzé se montre capable de reproduire un chef-d'œuvre, et *a fortiori* de forger son propre discours. Mais l'analogie fait surtout sens au regard de la présentation des différentes versions de la fable : formant autant de dérivés d'une unique source, elles peuvent se regrouper, nous dit-on, en sous-catégories partageant des traits propres, telles les versions 32 à 37, qui auraient en commun de présenter des comportements d'imitation, et parmi lesquelles les « versions 32 *bis* à 32 *quinter*, non retenues faute de place », montrent McIntosh « se demander s'il suffit d'imiter le chimpanzé pour devenir chimpanzé » (*AP*, 60). De même que les spécialistes de taxinomie biologique cherchent à intégrer le plus vieux fossile attesté, le narrateur souhaite déterminer « la première version visible de la fable » (19). Ce jeu incite donc à lire l'ouvrage, moins comme un récit des aventures du singe, que comme l'histoire du développement d'un mythe. L'organisation chronologique qui place au début du livre les éléments relatifs aux origines des personnages, et le conclut par les versions relatives à leur mort, est redoublée par la logique qui ordonne les variantes en branches à la fois codicologiques et biologiques, autre façon d'affirmer la coexistence de divergences. Dans ce cadre, c'est le devenir-plante des deux personnages qui vaut mise en abyme. La « vie végétale » testée par McIntosh et Percival est aussi le mode d'existence d'une fable dont la diégèse variable est traitée selon différents modèles génériques, une fable

> déployée dans l'espace comme dans le temps : pour tout dire, une existence faite d'un seul immense déploiement, en corolle ou en éventail, faisant office de biographie, d'aventure, de crise d'adolescence, de roman de formation, heurs et malheurs, maturité, voyages au long cours, escapades érotiques, ambitions

professionnelles, bâillement, sieste, fuite éperdue, parade nuptiale, bain de soleil et gastronomie, enfin méditation. (*AP*, 96)

Cette liste offre l'équivalent d'une table des matières, la métaphore de la plante – dont le texte rappelle par ailleurs qu'elle peut inclure des parties à l'identité génétique divergente, par mutation d'un rameau – rétablissant l'unicité de la disparate.

UNE LIQUIDATION

Physique, algèbre et biologie fournissent donc trois moyens de dépasser les contradictions et de justifier par la rhétorique profonde du conte son traitement désinvolte des informations encyclopédiques. Pourtant, cet « immense déploiement » de possibles, qu'il soit rattaché à la physique quantique, à la logique formelle ou au vivant, reconduit à l'expression d'un manque.

La promesse de la combinatoire comme dispositif « enveloppant et dépassant toutes les connaissances », selon Valéry, se heurte chez le singe et son maître à l'épreuve d'un « ennui combiné à la lassitude, pénurie de papier et peut-être d'inspiration, désir de démembrer dans l'espoir insensé de comprendre (comme si *comprendre* trouvait son paradis dans l'espace qui sépare les éléments les uns des autres) » (*AP*, 37) – un constat qui désigne la différence, « *l'espace qui sépare* » et permet les permutations, comme une fausse échappatoire, car le primat de la combinatoire implique un risque d'épuisement, dont Deleuze a saisi chez Beckett la logique pessimiste. Chez Senges comme chez l'Irlandais, « La combinatoire épuise son objet, mais parce que son sujet est lui-même épuisé. L'exhaustif et l'exhausté (*exhausted*)[5] ». La tâche du singe est infinie. À force de décomposition, les éléments à recombiner sont si nombreux que la probabilité d'épuiser (c'est-à-dire connaître) les agencements possibles s'approche du nul, et avec elle, celle de voir paraître un texte séduisant. La patience et l'intérêt de l'auteur postulé, comme

5 Gilles Deleuze, « L'Épuisé », in Samuel Beckett, *Quad* et *Trio du fantôme, … que nuages…, Nacht und Traüme*, suivi de *L'Épuisé*, Paris, Minuit, 1992, p. 62.

ceux de son lecteur, suivent la même courbe. Le titre du chapitre 10 le souligne déjà : « L'animal épuise les combinaisons, et vice-versa » (30).

Le recours à la physique quantique ne compense pas davantage le caractère entropique d'une diégèse où tous les éléments seraient équivalents. Les composantes de la fable matricielle ne sont distinguées que pour affirmer la parfaite indifférence de leur singularité et de leur agencement. Dans un segment comme « et rapidement (version 51) viendra le moment où McIntosh devra remplacer douce *pénombre* par *lumière crue*, en allumant le plafonnier (une ampoule ou un tube à néon) » (73), tout déréalise et aplatit l'action. La première parenthèse rappelle que l'événement n'existe que dans une des variantes possibles ; la seconde signale que l'objet « plafonnier [à] *lumière crue* » constitue un site logique et syntaxique assignable indifféremment à deux types de lampes ; enfin, la suite tombée du jour > geste est réduite à un jeu d'écriture. Le conte, au sens usuel, reste dès lors la modalité que ce conte s'interdit toujours, programmant sciemment son échec, puisque, selon les propres termes du narrateur, ce dernier, contrairement au démon de Maxwell, « pourrait choisir (mais il ne choisit pas, toujours par souci d'élégance…) » (44), alors même que « l'élégance ne tient pas compte de l'ennui » (42).

Le modèle évolutionniste débouche sur la même aporie, dans la mesure où le déploiement promis est sans cesse interrompu. Le narrateur affirme éliminer les versions les moins intéressantes : « On ne les passe pas toutes en revue […] : beaucoup sont des redites, beaucoup sonnent creux, et on en connaît de fausses, de ridiculement fausses, on en connaît qui se fourvoient avec une détermination trompeuse, mais sans jamais entraîner le lecteur avec elles, heureusement – le lecteur circonspect. » (*AP*, 53) Pourtant, ce sont tous les segments narratifs qui se trouvent rejetés et rendus incapables « d'entraîner le lecteur », dès lors que chaque épisode conservé enclenche moins sur sa suite que sur une invitation à revenir en arrière, effaçant le développement acquis pour tester un récit alternatif qui condamne le précédent. Lors de la présentation du personnage de McIntosh, non seulement sa biographie antérieure reste de l'ordre de l'hypothétique, par l'emploi du conditionnel, mais quand le narrateur explique que le savant « aurait guéri la mélancolie d'un fourmilier de Guyane par reconstitution de son biotope, fleur à fleur », c'est pour aussitôt ajouter que « selon d'autres versions, il s'agit d'un iguane » (14). Les épisodes n'ont donc qu'une vie provisoire, et l'appel à considérer chaque version comme une « boutur[e] » florissante (107) ignore ce dispositif, qui orchestre leur étiolement. D'où l'ironie d'une remarque comme : « reste l'espoir qu'un début de récit viennent remplacer l'ennui par le plaisir du conte ; ça ne serait pas la première fois qu'un récit délivre le lecteur » (40), là où la délivrance est toujours refusée. Le refus d'offrir la durée aux variantes conduit le narrateur à poser qu'« on ne voit pas les ombres s'allonger, comme sur les pages de sable des romanciers mélancoliques (automnals), mais ça revient au même » (73). Au même, car le dispositif construit un locuteur à-quoi-boniste, qui invite le lecteur à faire avec lui « des liens entre deuils douloureux et combinaisons aléatoires » (49) ; un locuteur qui se souviendrait qu'Aragon a signé l'alphabet en lui donnant le titre de « Suicide », et qui, au moment où il prête à Percival la réalisation d'un projet similaire au sien, explique :

> écrire en toute lucidité 99 variations sur le même thème, c'est-à-dire jouer avec la fidélité, l'infidélité au texte, le sérieux, la redite, la parodie et la franche trahison, passer progressivement, sans en avoir l'air, du respect des codes à la subversion dilettante, puis au fumisme déclaré, ce n'est pas seulement faire la preuve de son intelligence, c'est démontrer à quel point ce dispositif d'animal vivant ligoté au clavier d'une machine à écrire est une absurdité : cruelle et vaine, dépensière. (75)

Abbondanza genera fastidio (*AP*, 19), le plaisir promis par l'explosion des savoirs débouche sur la lassitude, au niveau global comme au niveau local. Chaque référence érudite pourrait, certes, sembler installer dans le texte une sorte de trappe ludique, conviant le lecteur à enquêter sur sa part de vrai et sur les jeux de décalages produits par l'écrivain. Ainsi, quand le narrateur donne pour dernier exemple d'ouvrage incluant une variante de la fable *The Case of the Midwife Toad* d'Arthur Koestler, il n'est pas indifférent de constater que cette référence inquiète à son tour la distinction entre fiction et savoir, l'ouvrage de Koestler portant sur un célèbre cas de duperie scientifique. Mais c'est encore affirmer que l'effort érudit s'avère vain. Face à une œuvre où rien n'aura été inventé, ni même réinventé (et les allusions appuyées à Beckett l'attestent assez), le narrateur comme son singe tirent le bilan d'une « éternité d'écriture pour rien » (118). Le texte suit ainsi une pente mise en évidence par Nathalie Piégay-Gros : la « mélancolie de l'érudition », où « l'accumulation des documents accable [et force] à faire le deuil de toute parole nouvelle », trouve pour corollaire un « martyre de la lecture[6] », que le narrateur n'engage certes pas son public à assumer. Bien sûr, la création littéraire constitue un espace où un tel constat n'invalide pas une œuvre : contrairement à celle du chimpanzé, la dépense de Senges a produit un livre. Mais, pour revenir à la question de l'encyclopédie, à une époque où Internet force à repenser l'érudition, en facilitant l'accès à des informations que ni l'auteur ni son public n'ont désormais besoin d'avoir stockées, cet ouvrage pétri de science semble construit contre toute tentative de conduire le lecteur vers les savoirs. Senges, « puits de science dans lequel monte et descend un ludion hilare[7] », ne nous munit d'indications de lecture qui incitent, au moins dans un premier temps, à consulter ces références, que pour miner l'intérêt de ces sources externes, et plus largement du vrai – tant le livre exhibe la lacune comme seule échappatoire à la mélancolie de la redite ou du *néo*, dernière syllabe du livre.

Hugues MARCHAL
Université de Bâle

6 Nathalie Piégay-Gros, *L'Érudition imaginaire*, Genève, Droz, 2009, p. 139.

7 Éric Chevillard, « La croisière s'amuse » (compte rendu de *Zoophile contant fleurette*), *Le Monde des livres*, 11 mai 2012, p. 8.

SUITES ET POURSUITES

Une « écriture d'ébauches, de projets et de variations »

Pierre Senges est un pirate de bibliothèque. Déjà Shakespeare, Thomas More, Lichtenberg et Kafka en ont fait les frais, lorsque avec un mélange de désinvolture et de gourmandise, il s'est ingénié à raccommoder les fragments de Lichtenberg ou à prolonger les incipits inachevés de Kafka. Le voici confronté à un défi plus ambitieux encore : prolonger un roman monstrueux, *Moby Dick*, en proposer quelque chose comme un second volume à la façon du *Don Quichotte*.

Pierre Senges écrit volontiers dans les interstices de la bibliothèque, pour la prendre à rebours : son œuvre s'élabore en marge des livres, pour déplacer les perspectives et susciter de l'étrangeté. *Achab (séquelles)* poursuit cette exploration ludique de la bibliothèque pour imaginer la suite des aventures du capitaine du Pequod, s'il avait survécu à son combat contre la baleine. C'est sans doute là l'emblème d'une littérature contemporaine qui ne croit plus au geste de table rase, mais s'écrit en dialogue et contrepoint. C'est plus sûrement encore une manière de concevoir la littérature à travers des survivances et des variations, des reprises et des existences secondes : *Achab (séquelles)* radiographie en quelque sorte l'activité d'un lecteur qui offre mentalement aux personnages du roman qu'il lit une vie seconde, faite d'esquisses improbables et de prolongements hypothétiques. Voilà pourquoi je me propose d'accompagner ce récit pour déplier la pensée esthétique de Pierre Senges, placée sous le signe de la variation et de l'esquisse.

À LA RECHERCHE DE *MOBY DICK*

Pour décrire *Achab (séquelles)*, je peux dans un premier geste le rapprocher des précédents récits et y déceler la cohérence d'une œuvre, la continuité de thèmes ou la permanence des formes. Faisons-le un instant : ce qui saisit à la lecture d'*Achab*, c'est évidemment qu'il s'agit d'une suite ou d'une continuation, qui prend appui sur un roman essentiel de l'histoire littéraire : en somme un texte second ou de seconde main, qui ne dissimule pas le travail d'intertextualité, redoublé voire multiplié, car il n'est pas seulement question du roman de Melville, mais aussi de Shakespeare, Cervantès et du baron de Münchhausen entre autres. Tel était déjà le cas auparavant dans des textes qui faufilaient les œuvres originales de Shakespeare dans *Sort l'assassin, entre le spectre*; de Kafka dans *Études de silhouettes*; de Lichtenberg dans *Fragments de Lichtenberg*, sans compter les textes qui détournent la Bible, la figure d'Antonio de Guevara, l'île de Thomas More ou encore les philologues de tous poils. Il y a là un geste tout ensemble orgueilleux et modeste : orgueilleux, car il ne s'agit rien de moins que de mettre ses pas à la suite de ceux de Melville, dans un hommage où la rivalité est nécessairement de la partie; modeste, puisque, comme Pierre Michon, Pierre Senges refuse d'inventer de nouveaux êtres fictifs, mais compose à partir de figures déjà présentes dans notre imaginaire, prolonge des textes existants, par modulations, collages et confrontations. Hommage sans doute, mais aussi détournement : et si Pierre Senges est réticent envers l'imagination conçue comme création d'un univers, son œuvre est tout entière *réinvention*. C'est sans doute ainsi qu'une mémoire et un imaginaire vivent et survivent, par métamorphoses, hybridations, reprises, détournements, parodies etc.

Il faudrait ici se livrer à une minutieuse étude du texte pour montrer que le roman n'est ni un pastiche, ni une parodie. Pierre Senges délaisse le souci d'imiter son modèle, d'en contrefaire la manière, même si des thèmes et des motifs migrent d'une œuvre à l'autre. Aucune singerie stylistique, puisque le style de l'auteur de *Fragments de Lichtenberg* se reconnaît dès la première page : il s'agit plutôt de transposer ou de déplacer le roman de Melville dans l'imaginaire drôlatique et la phrase foisonnante de l'écrivain contemporain, comme une manière de le mettre à l'épreuve. Il ne s'adonne pas non plus au plaisir sarcastique de la parodie, car il ne s'agit pas de rire d'Achab, mais avec Achab. La théorie littéraire a trop souvent l'habitude de considérer le rire comme une dégradation, alors qu'il peut receler un hommage joyeux ou une affection souriante[1]. Il n'en allait pas autrement des variations sur la gibbosité de Lichtenberg : aucune moquerie envers le philosophe bossu, mais une représentation en anamorphose d'un trait physique, pour épuiser à force d'humour ce qu'il peut avoir de poignant.

On hésite à définir un tel récit : continuation, suite ou supplément ? Non pas une continuation, puisque le roman de Melville était clos et n'attendait pas d'achèvement (en un sens le récit de Pierre Senges inachève le roman de Melville) ; une suite peut-être, puisque *Achab (séquelles)* relance l'œuvre au-delà de son terme ; un supplément plus sûrement encore si l'on en croit la définition qu'en propose Gérard Genette : « addition facultative, ou pour le moins excentrique et marginale, où l'on apporte à l'œuvre d'un autre un surplus qui relève plutôt du commentaire ou de l'interprétation libre, voire ouvertement abusive[2]. » Le mot, emprunté aux travaux de Jacques Derrida, souligne à merveille l'ambivalence du geste de Pierre Senges : le récit en guise de post-scriptum est un supplément dérivé d'un texte premier, mais il supplée aussi, c'est-à-dire remplace et se substitue presque au texte qu'il complète.

Des textes antérieurs à *Achab (séquelles)*, je retrouve aussi une poétique désormais familière : *un art de la liste* qui conduit au vertige selon Umberto Eco[3], mais surtout au rire devant la démesure saugrenue des rapprochements sollicités ; *un séquençage du texte* par brèves sections autonomes, permettant rapprochements, confrontations, et une construction non pas syntagmatique du texte, comme un récit continu (même si une ligne ou des lignes narratives s'entrelacent), mais plutôt paradigmatique, qui invite à toutes les substitutions et aux lectures transversales et traversières ; *une hantise théâtrale* et une obsession pour les rôles d'emprunt, qui révèlent l'imposture de chacun d'entre nous, comme si l'on n'accédait à une fonction ou une profession, un sentiment

1 Je renvoie évidemment aux analyses toujours pertinentes de Gérard Genette dans *Palimpsestes : la littérature au second degré* [1982], Paris, Seuil, « Points Essais », 1992, p. 31-39.

2 Gérard Genette, *Palimpsestes : la littérature au second degré*, *op. cit.*, p. 278.

3 Umberto Eco, *Vertige de la liste*, Paris, Flammarion, 2009.

ou une allure, que par imitation ou contrefaçon ; *une obsession animalière* que l'on voyait déjà dans *Zoophile contant fleurette* ou *Les aventures de Percival : un conte phylogénétique.* J'en oublie d'autres, même s'il faut mentionner l'art des tables des matières qui sont à elles seules une lecture de choix, une écriture virevoltante qui demande au lecteur une agilité de tous les instants pour suivre contorsions et digressions, et surtout une drôlerie sans faille.

UN ART DE LA PHRASE LONGUE
Éloge de la parenthèse

Ce qui frappe pourtant dès le titre de ce texte, c'est la place de la parenthèse : on attend une étude stylistique d'ampleur qui mettrait en honneur les usages contemporains de la parenthèse, et de son cousin le tiret. Bien des écrivains pratiquent en effet la phrase longue, de Laurent Mauvignier à Mathias Enard, mais peu lui donnent cette puissance prestidigitatrice sur le réel, sinon Éric Chevillard et Pierre Senges[4]. La phrase longue, avec ses incises, sa puissance oratoire, sa teneur énonciative souvent appuyée est la plupart du temps un art de l'affirmation, même si elle tourne autour de son objet pour le saisir par touches délicates. Celle de Pierre Senges est au contraire une célébration de l'hypothèse : la phrase ne progresse pas par ampleur accumulée, comme une vague ou une houle qui grossit pour emporter le lecteur, mais par saisies kaléidoscopiques, par bifurcations et tentatives. Ce qu'elle dessine, elle le gomme et le modifie dans le même geste, et comme le prestidigitateur, elle fait apparaître et disparaître presque dans le même geste. C'est même selon l'écrivain une pratique d'écriture qui vire à l'exercice mental : suivre la phrase longue, cela permet de s'aventurer au bout de sa pensée, de s'éloigner de soi et des lieux communs. Elle est un art de la dérive et de la déprise :

> Je m'oblige à avoir cette écriture nette et à écrire les phrases les plus longues possibles, non pas par souci de la prouesse, mais pour aller au-delà de mes

4 Voir Christelle Reggiani, « Démolir la phrase ? L'art de la prose d'Éric Chevillard », p. 183-200 in Olivier Bessard-Banquy et Pierre Jourde (dir.), *Éric Chevillard dans tous ses états*, Paris, Classiques Garnier, 2015.

> forces, pour aller au-delà du premier jet et de l'idée première : de fait, la phrase se compliquant, au cours des digressions et des subordonnées, m'oblige à être plus vigilant que nature, elle m'oblige en quelque sorte à m'échapper de moi-même (pas trop tôt) et, surtout, à m'éloigner de mes premières intentions, quitte à les trahir. La structure grammaticale d'une phrase exagérément longue, comme elle se complique, me tend des pièges, m'oblige à obéir à la structure qui se met en place : elle prend le pas sur ma propre pensée. [...] C'est parfois à l'issue de la quatrième incise et de la troisième analogie que l'écriture commence vraiment à avoir de l'allure : à ce moment, on est passé du lieu commun, du désir premier, à quelque chose d'autre, qui nous échappe en grande partie[5].

La phrase longue de Pierre Senges se déploie ainsi au gré de parenthèses et de tirets, et de parenthèses dans des parenthèses. Ce n'est pas seulement une préférence stylistique mais bien une poétique à l'œuvre, car la parenthèse chez lui ne fonctionne pas comme un surcroît d'informations secondaires, mais comme un déplacement de la ligne principale, un décalage ou une modulation : il faut l'entendre comme en musique, même si cette comparaison avec la musique risque souvent d'être artificielle, comme une reprise en mineur, une variation sur un motif[6]. La parenthèse ne conforte pas le motif, par ajout d'informations, mais le fait trembler comme une esquisse ajoutée au dessin en ligne claire : à force d'ajouts, de corrections, la ligne se fait plurielle. La pratique de la parenthèse permet de prendre sur le fait une écriture faite d'ébauches et d'esquisses. Elle brise la linéarité de la phrase, esquisse des bifurcations qui tourneront court, propose des lignes de fuite narratives de quelques mots :

> Sans doute – d'où le recours aux tirets et aux parenthèses, qui sont là pour briser cette linéarité. De longues phrases peuvent avoir une structure étouffante, rhétorique, filandreuse, et leur longueur peut faire crouler l'auteur sous le poids de la syntaxe. Les parenthèses et les brisures apportent un peu de liberté, une interruption, presque parataxique (j'aurais aimé aussi dire le mot extradiégétique, mais ça n'est pas le moment), de quoi, je l'espère, équilibrer cette linéarité. Parfois, l'incise, la digression, et la parenthèse à l'intérieur de la parenthèse, contiennent et colportent des propos plus significatifs, mais discrets ; elles le font en passant, d'une façon cachée, avec l'impunité des digressions, qui délivrent et escamotent en même temps[7].

---

5 Pierre Senges, « Des ébauches prises sur le fait », *Littérature*, n° 178, 2015, p. 130-131.

6 Voir dans ce volume l'article d'Anne Roche, « Variations contraintes ».

7 Pierre Senges, « Des ébauches prises sur le fait », *op. cit.*, p. 137.

Tel est déjà ce que l'on entend dès le titre : *Achab (séquelles)*. À peine prononce-t-on le nom du capitaine du Pequod, qu'une poignée de traits constitutifs surgissent : la vengeance folle contre la baleine, la jambe de bois, la teneur shakespearienne de ses discours et jusqu'à sa mort dramatique qui clôt le roman de Melville. Mais que suscite l'ajout de cette parenthèse : avec la polysémie du mot séquelles qui hésite entre la suite et la blessure résiduelle, la parenthèse propose la possibilité d'une survie du personnage, mais d'une survie transformée ou altérée. Dès le titre, Pierre Senges convoque ainsi une silhouette pour la métamorphoser au rythme d'une parenthèse. Imaginer une suite, suggérer une poursuite à ses aventures, c'est mettre en question un personnage dont la mort tragique est un des traits définitoires : la parenthèse indique ainsi, non seulement un prolongement narratif, une altération mais aussi une interrogation sur ce qui constitue le personnage. Ici la parenthèse vient sans doute ajouter une information – survie, prolongement –, mais cet ajout retranche ou soustrait une de ses caractéristiques essentielles. La parenthèse interroge l'identité du personnage dans un geste paradoxal : un surcroît d'information brouille ce que l'on sait de lui ; une poursuite de ses jours met en question sa définition, voire son existence : que devient Achab quand il aura cessé de prendre en chasse la baleine blanche ?

« Achab nous enterrera tous » (*Ach*, 580), comme l'écrit Pierre Senges : le voilà donc qui traverse le siècle comme il traversait autrefois les océans, rejoignant le petit cercle des personnages increvables, Don Quichotte ou le baron de Münchhausen. Cette immortalité des héros, Conan Doyle la connaissait bien : il dut faire revenir à la vie Sherlock Holmes, sous la contrainte de ses lecteurs, admirateurs en tous genres, reine d'Angleterre comprise. C'est cette immortalité que saisit Pierre Senges, en suivant les métamorphoses d'Achab : tour à tour apprenti comédien dans sa jeunesse, avant de devenir marin, prêtre, garçon d'hôtel ou encore liftier. Il explore la plasticité du personnage et en fait la matière d'une expérimentation. Il s'agit d'épuiser une figure – façon de parler, le vieux capitaine a la peau dure – à force de variations, de versions concurrentes, d'hypothèses saugrenues : pas d'illusion réaliste, ni d'état civil stable, mais le plaisir de considérer le personnage comme une forme expérimentale. Voilà une manière de « faire bouger les articulations de son identité » (370), pour emprunter les mots de l'écrivain.

POÉTIQUE DE LA VARIATION

Cet art de la phrase longue va ainsi de pair avec une poétique de l'esquisse et de la variation : et le plaisir de la lecture d'un livre de Pierre Senges ne provient pas tant de la tension narrative, d'une appréhension des événements, que de la plasticité des motifs que l'écrivain convoque et avec lesquels il nous surprend sans tout à fait les rendre méconnaissables. C'est par cette alliance du connu et du surprenant, de la familiarité et de l'estrangement[8] que je suis ravi dans ma lecture : le plaisir des retrouvailles va de pair avec la joie de voir ses représentations déplacées, et se conclut parfois par la jubilation de recouvrer malgré tout au terme de ces métamorphoses quelque chose de la figure initiale. Et c'est toute l'élégance de Pierre Senges de pouvoir naviguer entre ces deux récifs : la reconnaissance d'une silhouette monolithique et l'étrangeté du personnage rendu méconnaissable à force de modifications. Il faut avoir sa délicatesse pour savoir comment le personnage peut, malgré les colifichets, cothurnes, masques et postiches, rester tel qu'en lui-même, mais en faisant goûter « la délicieuse relativité des états civils, la plus douce encore incertitude des curriculums vitae » (*Ach*, 210)

Cette poétique dont la parenthèse est un des emblèmes s'étend de fait à la genèse comme à la structure de ses textes. La structure d'abord : chaque texte fonctionne, comme je le disais, par brèves séquences qui sont autant de modulations d'un motif ou d'un thème. On se souvient des délicieuses variations autour de la gibbosité de Lichtenberg dans *Fragments de Lichtenberg* : le thème est ainsi décliné ou, pour emprunter un terme beckettien, épuisé à force d'être repris et modulé[9]. Permutations, renversements, combinaisons, recompositions : la gibbosité du philosophe est tour à tour un ornement, une méfiance envers la linéarité, une déformation due à la lecture en fauteuil, un art de la digression, la

8 Voir Carlo Ginzburg, *À distance. Neuf variations sur le point de vue en histoire*, Paris, Gallimard, « Bibliothèque des idées », 2001.

9 Gilles Deleuze, « L'Épuisé », in Samuel Beckett, *Quad* et *Trio du fantôme, … que nuages…, Nacht und Traüme*, suivi de *L'Épuisé*, Paris, Minuit, 1992. Sur cette esthétique de l'épuisement, je renvoie à nouveau dans ce volume à l'article d'Anne Roche et à celui d'Hugues Marchal, « La carence et l'excès. Information et lacune dans l'œuvre de Pierre Senges ».

reprise de la tradition du bossu, un art de l'esquive, etc. *Achab (séquelles)* est tout entier construit selon cet art de l'épuisement d'un motif – ici la gibbosité a laissé place à la jambe de bois – mais en étendant cette logique de l'épuisement aux devenirs médiatiques du personnages : de la littérature au théâtre, puis au Music-Hall et au cinéma, j'y reviendrai.

La genèse ensuite : Pierre Senges en a touché un mot à plusieurs reprises, d'abord dans un éloge de l'exercice, ou plutôt de l'exercitation paru dans la *Nrf*[10], puis dans un texte récent qui revenait sur l'élaboration de ses livres dans une perspective génétique. Il décrit son écriture comme une « variation autour d'un thème[11] ». Dès lors, l'écriture s'invente moins comme la description d'une réalité, même feinte, que comme l'expérimentation d'une plasticité :

> L'ébauche est pour un auteur un état de grâce où toute fantaisie est encore possible, où l'échec programmé du roman se noie dans ces possibles, et où l'auteur comme le texte profitent de leur impunité de brouillon. Il est difficile de renoncer à cette étape, comme il est difficile de renoncer aux nombreuses versions possibles d'un récit – elles semblent bénéficier les unes des autres[12].

Une telle conception brouille les définitions de l'œuvre ou en propose une version moderne : l'œuvre n'est pas un état achevé dont les brouillons seraient les étapes, elle est plutôt le catalogue ou la somme d'un ensemble de possibles, une myriade d'ébauches. Le livre ne cesse en somme de proposer ce que le livre aurait pu être, une exploration de ses hypothèses et une investigation au conditionnel de ses possibles. On reconnaît là un des traits de la modernité qui valorise l'esquisse contre le monument, l'ébauche contre le définitif, ou pour mieux dire qui *inachève* l'œuvre. Cet inachèvement n'est plus perçu comme défaut ou manque, il est au contraire ouverture et infinitude de l'œuvre : il s'agit de maintenir au sein même du texte la virtualité des devenirs possibles. Pierre Senges requalifie positivement l'inachèvement et élabore une écriture qui épuise tout ensemble les chemins divergents : une écriture du *et...et* au lieu du *ou bien...ou bien.* Mais là où cette poétique est véritablement jubilatoire, c'est qu'elle entraîne avec elle toute la bibliothèque universelle pour mieux la remettre en mouvement :

10 Pierre Senges, « Un exercice de style un peu vain », *La Nouvelle Revue française*, Octobre 2009, n° 591.

11 Pierre Senges, « Des ébauches prises sur le fait », *op. cit.*, p. 128.

12 *Id.*, p. 127-128.

Cervantès, Shakespeare, Melville, Lichtenberg, Antonio de Guevara etc. L'histoire littéraire n'est plus la somme définitive et close des œuvres du passé, mais le mouvement même de leurs variations, réinventions et possibles encore latents.

SURVIVANCES MÉDIATIQUES
Le personnage à travers les arts

Ce qui est véritablement passionnant dans *Achab (séquelles)*, et là où Pierre Senges propose un tour de vis supplémentaire, c'est qu'il donne à lire cet art de la variation en prenant en écharpe les grands arts du XXe siècle : Music-Hall et cinéma. En effet, l'une des idées centrales du livre, c'est d'imaginer comment Achab après avoir survécu à la baleine, après avoir tenté d'oublier l'océan, la chasse au cachalot et le colossal fantôme blanc qui le hante, après en un mot avoir tenté de refaire sa vie, décide de vendre son histoire au plus offrant : c'est-à-dire, au XXe siècle, au Music-Hall et au cinéma. Aux pérégrinations maritimes d'Achab dans le roman de Melville succède donc, comme l'a bien montré Tiphaine Samoyault[13], le parcours terrestre du capitaine de Broadway à Hollywood. La chasse à la baleine se change en quête économique, mais sans plus de succès : la richesse et la reconnaissance, c'est un peu le Moby Dick des artistes, voire de chacun, ce qui nous met en mouvement, mais nous fait couler à pic, pour de bon parfois.

Achab (séquelles) offre ici un morceau de cinéphilie réjouissante, car il faut imaginer Achab allant de réalisateur en producteur pour vendre son histoire au plus offrant et faire fructifier sa chasse à la baleine blanche en scénario pour Hollywood. Le lecteur rencontrera alors tour à tour : Billy Wilder, Josef von Sternberg, Erich von Stroheim, Orson Welles, mais aussi Mae West et Buster Keaton entre autres. Et tour à tour, le récit d'Achab sera transfiguré, avec un mélange de désinvolture malicieuse et d'incompréhension opportuniste : pas de complainte sur la rivalité entre les arts, ni sur la confrontation du cinéma et de la littérature, mais

13 Tiphaine Samoyault, « Pour saluer (de nouveau) Melville », *La Quinzaine littéraire*, septembre 2015, n° 1134.

une saisie malicieuse de l'industrie cinématographique : comment elle fabrique du mythe, en déformant un récit pour le plier à ses contraintes techniques et formelles, à ses impératifs économiques. Pierre Senges confronte drôlatiquement le récit des mésaventures d'Achab et ce qu'en feront les réalisateurs, selon leurs logiques économiques et leurs dynamiques artistiques spécifiques, avec un sens de la méprise qui confine à un art de la reprise : « une fois de plus, il [Achab] va assister à la métamorphose de son histoire en autre chose » (*Ach*, 372). La même histoire se décline infiniment selon les réalisateurs et les acteurs, dans une réécriture permanente entre logique du malentendu et comique de répétition. Tout n'est que versions, transpositions personnelles et adaptations artistiques : cette chasse, la voici péplum avec Josef von Sternberg, projet démesuré et lacunaire avec Erich von Stroheim, comédie du remariage avec Billy Wilder, etc. Achab prendra tour à tour les traits de Cary Grant – la scoliose comme art de la chute –, Orson Welles – que son profil shakespearien destine tout autant à jouer la baleine – ou Fred Astaire – la jambe de bois comme prolégomènes aux claquettes –. L'adaptation vire à l'inadaptation, et l'auteur s'amuse de la façon qu'ont les réalisateurs de mésinterpréter ce récit de chasse à la baleine pour le transfigurer ou le défigurer. Pierre Senges montre la résistance de la littérature à l'industrie cinématographique en choisissant précisément un roman particulièrement délicat à porter à l'écran : quoi de moins cinématographique que *Moby Dick* après tout ? des moyens démesurés à solliciter mais pour un récit de l'attente, qui boite entre roman d'aventure exténué et centon de cétologie, avec de temps à autre une silhouette fantomatique surgie au loin. Non pas un roman d'aventure, mais un récit de l'attente, une expérience mentale pour tout dire. À l'heure où la littérature s'aventure volontiers hors du livre[14], en se rapprochant de la performance, *Achab (séquelles)* creuse avec humour le dissensus artistique, les malentendus drolatiques que produisent les rencontres ou les confrontations artistiques. La littérature a beau sans doute sortir du livre, vers les performances ou le cinéma ; elle peut aussi, comme le fait Pierre Senges, prendre ces fuites et ces escapades comme objet, et s'aventurer à la poursuite des personnages et des mythes hors du livre.

14 Je pense bien sûr ici au très réussi dossier d'Olivia Rosenthal et Lionel Ruffel, « La littérature exposée. Les écritures contemporaines hors du livre », *Littérature*, 2010, nº 160.

À force de décliner tour à tour ces « belles infidèles » cinématographiques de Billy Wilder, Orson Welles ou Erich von Stroheim, Pierre Senges envisage des Achab possibles, et rêve à ce que seraient ses mésaventures en déplaçant les formes artistiques, en décalant les contextes, en brouillant la ligne narrative. En somme, le mouvement même de variation n'est plus seulement interne à une œuvre – les livres de Pierre Senges –, ou à la bibliothèque – les reprises et dérives intertextuelles –, mais comme la logique même du devenir médiatique des œuvres. C'est passer de la variation restreinte à une variation généralisée : c'est toute la vie des formes, voire la vie de l'esprit qui épouse ce mouvement-là. Ce mouvement impersonnel dépasse les auteurs, traverse les arts et voyage à travers le temps et l'espace : le personnage, c'est peut-être précisément, cette capacité à catalyser ou cristalliser ces incessantes variations. L'écrivain fait ici de cette logique de la reprise la matière même de son récit : comme si la narration prenait en charge la pensée même de l'œuvre comme variation ouverte.

Et Pierre Senges interroge par là ce qu'est un personnage à travers tant de métamorphoses, dans quelle mesure sa plasticité résiste aux bouleversements qui le changent et l'altèrent. C'est peut-être ça un personnage, pour pasticher une formule connue, ce qui reste quand tout est bouleversé : les métamorphoses qui font d'Achab un liftier, un acteur de Shakespeare, un scénariste incompris, un souffleur, un régisseur, une insolite Ophélie, un confesseur etc., comme autant de réincarnations dans une métempsycose déréglée, ces métamorphoses fonctionnent moins comme dénaturation que comme révélation du personnage. Tout se passe comme si l'on saisissait enfin ce qu'est un personnage, non pas en résumant quelques traits qui le définissent – sort dramatique, hantise de la baleine, tirades shakespeariennes… –, mais en explorant ce qu'il aurait fait, ce qu'il serait devenu dans d'autres situations : en d'autres temps, d'autres lieux, d'autres arts[15]. Et Pierre Senges pousse joyeusement à la limite cette exploration, comme il l'avait fait avec le narrateur de *Veuves au maquillage*, dépecé minutieusement, parcelle après parcelle.

15 Voir sur cette question des devenirs d'un personnage par hybridation ou par variation : Daniel Aranda, « Les retours hybrides des personnages » et Stéphanie Orace « Variation, modulation, transfert », dans *Poétique*, n° 139, septembre 2014.

Roman ? Essai ? À vrai dire la question importe peu : *Achab (séquelles)* comporte à lui seul autant de personnages et de péripéties que bien des romans, et peut en remontrer aux essais par la multiplication de petits traités saugrenus – *Éloge du luth bombé et creux* ou *De la rétractabilité des griffes du chat* –. Et tout cela dans une généreuse fatrasie, carnaval de figures et théories en diable, énoncées par un fidèle disciple du baron de Münchhausen. *Moby Dick* était déjà à sa manière tout à la fois un roman et une encyclopédie : *Achab (séquelles)* ne pouvait mieux compléter le livre de Melville qu'en se faisant à son tour fiction encyclopédique[16] : tout ensemble kyrielle de microfictions et catalogue drolatique d'expérimentations de pensées.

Laurent DEMANZE
Université Grenoble Alpes

16 Je me permets de renvoyer à un essai où je réinscrivais l'œuvre de Pierre Senges dans une généalogie flaubertienne, en en faisant un héritier de *Bouvard et Pécuchet* : Laurent Demanze, *Les Fictions encyclopédiques, de Gustave Flaubert à Pierre Senges*, Paris, José Corti, 2015.

CONSISTENCY

Pierre Senges ou l'esprit de suite

> J'éprouvais un plaisir tout particulier quand de graves lacunes dans l'original me contraignaient à poursuivre le récit moi-même.
> Italo CALVINO, *Leçons américaines.*

Pierre Senges a dit de lui-même qu'il était un écrivain « au second degré ». On peut le lire en effet comme un écrivain de la citation et de la réécriture – dans la tradition, très vive encore aujourd'hui, de Walter Benjamin (dont je vais moi-même m'inspirer largement dans cet article en le citant à chaque occasion d'épigraphe). Mais il ne s'agit pas seulement, dans son œuvre, du second degré de la répétition et de l'ironie : à elles s'allient le sérieux des potentialités vives, le prolongement actif du texte inachevé et la profondeur de ce qui semble se tenir en surface. Pierre Senges n'est pas seulement un écrivain au second degré, mais un écrivain « au carré », qui démultiplie par elles-mêmes les valeurs des textes qu'il réactive ; un écrivain qui s'inscrit ainsi, aussi bien, dans la tradition expérimentale et savante de Calvino, en poursuivant les acquis de ses *Leçons américaines (Aide-mémoire pour le prochain millénaire* selon la traduction française[1]).

L'écrivain italien avait en effet prévu de délivrer à Harvard, en 1985-1986, six conférences dans le cadre des Norton Lectures, sur les valeurs qu'il souhaitait voir portées par la littérature du nouveau millénaire – *Lightness, Quickness, Exactitude, Visibility, Multiplicity, Consistency.* Cette

1 Italo Calvino, *Leçons américaines : aide-mémoire pour le prochain millénaire* [1988], trad. Y. Hersant, Paris, Seuil, « Points », 2001.

dernière « proposition », *Consistency*, est finalement restée à l'état de simple titre sur un brouillon (Calvino l'a remplacée par « Commencer et finir »).

Mon hypothèse, dans cet article, est la suivante : sachant la propension de Pierre Senges à s'inscrire dans l'œuvre inachevée ou même non écrite, ne cherche-t-il pas à donner un sens à cette valeur mystérieuse (et sur-numéraire), pour le nouveau millénaire, de la *Consistency* ?

Je parierais bien même que Calvino a laissé non écrite cette leçon (lire « *Consistency : to be completed* ») pour que Pierre Senges lui donne consistance et *esprit de suite*. C'est ce que je vais essayer de montrer par l'exemple de quatre de ses textes et en quatre temps – fondés sur les équivalents possibles en français de *Consistency* : cohésion, cohérence, consistance et constance.

COHÉSION FORMELLE
Les cinq vertus des études de Kafka

> Au jour du Jugement dernier, lorsque, avec les tombes, les livres de morceaux choisis s'ouvriront…
> Walter BENJAMIN, « Karl Kraus ».

Études de silhouette peut se lire comme l'exercice (l'« étude » au sens pictural et musical), non seulement d'un prolongement des fragments épars de Kafka, mais aussi d'une cohésion (*Consistency 1)* éprouvée dans ce prolongement et issue de la conjonction formelle des cinq vertus appelées par Calvino à occuper l'avenir.

La note d'intention définit la poursuite des « petits papiers abandonnés là, dans un coin, en l'état » par Kafka, comme « souci d'harmoniser un ensemble hétéroclite sous une figure unique » : plutôt que promis au feu du repentir posthume, ce Kafka-de-papiers est prolongé par l'empire de « deux lois irréfutables : 1) la nature a horreur du vide, 2) notre désir de récit est impossible à rassasier[2] » ; plutôt que de simplement « admirer

2 Formule elle-même prolongatrice de celle, très kafkaïenne au demeurant, de Stig Dagerman : *Notre désir de consolation est impossible à rassasier.*

ces restes, malingres, pleins d'espérance », « on n'a pas pu s'empêcher de poursuivre ce qui a été commencé, sur trois lignes, sur trente ou cent, afin d'en savoir un peu plus, à l'issue de ces cent, sur l'envoûtante impossibilité d'aboutir. » (*ES*, 9).

En réalité, l'échec technique de la « complétude » est programmé, au profit de la réussite du geste esthétique[3] : chaque prolongement (parfois dédoublé, quadruplé) est une forme d'impasse, parfois même un simple aller-retour au texte source, après que la suite inventée, texte possible, s'est auto-consumée et a tourné court ; mais c'est le seul moyen d'être fidèle à Kafka tout en le prolongeant. Se nicher dans le creux du texte manquant sans pour autant le combler ; prolonger sans écraser ; exercer pour cela la première des vertus de Calvino : la légèreté.

Kafka lui-même est réputé, dès le départ, « patron infiniment discret, infiniment léger, quoi qu'on en dise » (*ES*, 10) : patron léger de haute couture, patron discret pour employé aux écritures. D'ailleurs, Calvino ne s'y était pas trompé qui avait pris soin de clore sa conférence sur l'évocation d'un récit de Kafka, *Der Kübelreiter (À cheval sur le seau à charbon)* :

> Voilà comment, à cheval sur notre seau, nous irons à la rencontre du nouveau millénaire ; sans espoir de trouver en lui autre chose que notre propre apport. Lequel pourrait inclure la légèreté, dont la présente conférence a tenté d'illustrer les vertus[4].

Ainsi le texte de Senges fonctionne-t-il comme « apport », compensation magique et consistante du manque de chacun des départs kafkaïens, par l'exercice d'une « légèreté pensive » ou réfléchie (« *thoughtful lightness* »), « liée à la précision et à la détermination, nullement au vague et l'aléatoire » du seau à charbon (nouveau cheval de bois du Quichotte) – ou plutôt de son équivalent domestique dans l'héritage littéraire que mobilise Senges : la « Boîte à épices en argent » :

> **Tout ce que j'ai hérité de mon père, c'est une boîte à épices en argent** – de ma mère, rien de mieux sinon deux tiges en métal sans identité ni usage précis, peut-être une paire de tuteurs. [...] (Tout ce que j'ai hérité de mon père, c'est

3 « Espérons que les trois, trente ou cent lignes auront enchanté avant de se cogner contre un mur » (*ES*, 10) précise la note liminaire. Voir « Courir, courir. Vue d'une rue transversale. Maisons hautes, une église plus haute encore ... » (*ES*, 113-114) par exemple.

4 Italo Calvino, *Leçons américaines*, *op. cit.*, p. 57-58.

> une boîte à épices en argent ; et encore, je ne suis pas sûr, pas tout à fait sûr, qu'il s'agisse d'argent, façon pour moi de regretter une fois encore de n'avoir pas pu faire ces études d'ingénieur chimiste, elles m'auraient rendu capable maintenant de distinguer au toucher l'argent du fer-blanc – peu importe au fond, il ne s'agit peut-être pas d'une boîte à épices, mais d'une boîte à outils, ou à couture, ou à rien du tout, une boîte simplement boîte, c'est-à-dire un contenant sans contenu, idéal pour servir de lot d'héritage – mais à bien y réfléchir, et comme je m'apprête à mon tour à faire inscrire *boîte à épices en argent* sur mon propre testament, je ne suis pas certain qu'il s'agisse d'un héritage, mon père, si j'ai bien eu affaire à lui, était bien trop pingre pour se défaire de quoi que ce soit.) (*ES*, 104-106)

On voit bien ici la boîte originelle défaite progressivement de ses attributs : héritage entièrement allégé (comme pour prolonger la Lettre au Père), « dissout en entités impalpables[5] », par l'exercice de la précision et de la détermination. Senges (ne) remplit par *rien* le vide de la boîte en argent de Kafka ; il ne l'alourdit en rien ; il en montre au contraire l'infinie légèreté énigmatique, il en déplie l'absence[6].

Et pour ce faire, il mobilise deux autres vertus essentielles : la rapidité et l'exactitude.

La « rapidité », pour Calvino, c'est celle de l'énergie intérieure, de la dynamique mentale. Il recourt pour la définir aux figures symboliques de Mercure et Vulcain : « [...] la *syntonie* et la *focalité*, la mobilité et la vivacité d'un côté, la concentration et la *craftsmanship* de l'autre, alliées pour combattre la mélancolie[7]. » Énergie (*energeia*) et dynamique (*enargeia*) : force active (*vis*) et vertu rhétorique (*virtus*) ; la syntonie et la focalité concourent à la patiente recherche du mot juste, de la phrase où chaque mot reste irremplaçable – mais dans une révélation rapide (comme l'éclair benjaminien de la ressemblance), un parcours immédiat lié à la vitesse de l'énonciation.

Soit une rapidité qui ne va pas sans exactitude – mais une exactitude d'un genre particulier. Kafka lui-même était d'ailleurs jugé « d'un esprit imprécis, chimérique » par Brecht, dans les termes d'une

5 *Id.*, p. 33.

6 Un peu comme la « Maison manquante » (à Berlin) de Christian Boltanski – lequel, lors d'un passage à Harvard (15 novembre 2012), a également évoqué avec une légèreté pensive, non pas une boîte à épices, mais « une boîte à biscuits » (« Giacometti, plus il vieillissait, plus il ressemblait à un Giacometti ; Bacon, plus il vieillissait, plus il ressemblait à un Bacon ; et moi, plus je vieillis, plus je ressemble à une boîte à biscuits »).

7 Italo Calvino, *Leçons américaines*, *op. cit.*, p. 91.

conversation que rapporte Benjamin[8] – lequel ajoute ailleurs que « sa pensée a quelque chose de très incohérent. Indécise, elle balance d'un souci à l'autre, goûte à toutes les angoisses, elle montre l'égarement du désespoir[9] ». Senges corrige-t-il Kafka par l'exactitude ? Si c'est le cas, il s'agit de cette exactitude sans généralité qu'appelle de ses vœux Calvino après Barthes, une « *mathesis singularis* », une « science de l'unique et du non-repérable[10] » appliquée au cas par cas de chacun des fragments kafkaïens. Ou bien il s'agit d'une exactitude « superficielle », au sens de Sciascia ou de Hofmannstahl, cité par Calvino (« La profondeur doit se cacher. Où cela ? À la surface[11] »).

C'est l'exactitude superficielle – épigraphique –, chimérique et légère de la « passerelle jetée sur le vide » et qui « relie la trace visible à la chose invisible, à la chose absente, à la chose désirée ou redoutée ». Ainsi par exemple dans la première étude du fragment « **Quelqu'un vint me tirer par mon vêtement, mais je me débarrassai de lui** », où l'exclamation (faussement) outrée (« Quelle erreur d'écrire sans exactitude ») conduit à l'exercice humoristique d'une hésitation infinie[12] (balancée par un « ou bien, ou bien » légèrement kierkegaardien), dont ne peut surgir qu'une vérité d'emprunt : les *diapsalmata* de Kafka continuent ainsi de vivre leur vie hésitante, silhouettes d'auteur « sans mandat » (comme disait Blanchot de Kafka), tandis que Je « me retire comme une ombre, une ombre superflue, me fais discret pour lui laisser la part entière, et disparais hors de ce monde d'inconnus et de vêtements du côté des ou bien, l'éternité devant moi pour relire cette phrase encore cent fois et mille fois cent fois, jusqu'à lui découvrir un sens. » (*ES*, 63-64).

Légère et rapide exactitude d'un effacement (à la Peter Schlemihl, à la Pessoa), là même où l'on pourrait attendre a priori un geste extrême d'autorité, la prise de possession d'un héritage, l'épuisement des possibles :

8 Walter Benjamin, « Notes prises à Svendborg été 1934 », in *Écrits autobiographiques*, traduit de l'allemand par Christophe Jouanlanne et Jean-François Poirier, Paris, Bourgois, Titres, 2011, p. 351.

9 Walter Benjamin, « Franz Kafka. Pour le dixième anniversaire de sa mort » [1934], in *Œuvres II*, Paris, Gallimard, « Folio », 2000, p. 442.

10 Italo Calvino, *Leçons américaines*, *op. cit.*, p. 110.

11 *Id.*, p. 124.

12 « [...] (je serai voué jusqu'à ma mort à ce genre de ou bien encore, qui ouvre chacune de ces phrases, me pousse sur des chemins de spéculation inutiles, et me conduira ainsi de ou bien en ou bien jusqu'à mon dernier jour, une hypothèse parmi d'autres hypothèses) [...] » (*ES*, 64).

le Kafka de Senges est un Kafka *inter pares*, voué au partage d'autorité, à une complétude légère qui laisse intacte l'originalité de sa source et respecte l'impossibilité dernière de l'interprétation[13]. C'est la position d'une silhouette qui est celle de l'auteur contemporain, « étudiant » à l'ombre de Kafka.

Mais cette position vise dans le même temps à accomplir, à rendre consistantes, les vertus 4 et 5 du *set* calvinien – la « visibilité » et la « multiplicité », étroitement liées dans le raisonnement des conférences : « infini » de l'imagination, « répertoire de potentialités et d'hypothèses, de choses qui ne sont ni n'ont été, ni peut-être ne seront, mais qui auraient pu être », ces vertus traduisent une ambition extrême de l'écriture, dont la formulation par Calvino semble avoir été choisie tout exprès pour rendre compte de l'œuvre de Senges :

> En de nombreux domaines l'excès d'ambition est critiquable, mais non pas en littérature. La littérature ne peut vivre que si on lui assigne des objectifs démesurés, voire impossibles à atteindre. Il faut que poètes et écrivains se lancent dans des entreprises que nul autre ne saurait imaginer, si l'on veut que la littérature continue de remplir une fonction[14].

Ici, la multiplicité des possibles s'opère par l'alliance de l'imagination et du langage, mais n'échappe jamais pour autant au « vertige de l'innombrable ». De la même façon, la règle d'ensemble de l'œuvre de Senges est celle d'une cohésion formelle conçue comme multiplicité indéfinie du possible, rendue visible avec exactitude, légèreté et une rapidité de sensation qui confine, elle aussi, au vertige.

13 Voir Giorgio Agamben, « Kafka défendu contre ses interprètes » in *Idée de la prose*, trad. Gérard Macé, Paris, Bourgois, « Titres », 2006, p. 126.

14 Italo Calvino, *Leçons américaines*, *op. cit.*, p. 179.

COHÉRENCE LOGIQUE
Les réfutations de l'impossible

> […] une fois développé le bateau de papier qu'on a fait fabriquer à l'enfant n'est plus qu'une feuille lisse.
> Walter BENJAMIN, « Franz Kafka. Pour le 10e anniversaire de sa mort ».

Ce vertige est donc lié à la précision, et au deuxième sens de la *Consistency* littéraire – celui que l'on retrouve par exemple dans le *Consistency principle* pour définir, en logique, la cohérence des propositions théoriques.

Ce principe de complétude ou de cohérence logique, conçu comme « dés-ambiguïté » (dis-ambiguity) des propositions, est a priori contraire à la religion littéraire de la mise en suspens, de l'« indécidabilité » – un terme présent au demeurant chez Calvino, pour désigner d'une formule d'inspiration mathématique l'« indéfinissable » balzacien comme « paradoxe d'un ensemble infini contenant d'autres ensembles infinis[15] »–. De fait, l'indécidable, ce n'est plus « la panacée » (*RR*, 17), dans l'ordre rhétorique et pragmatique de Senges ; remplacé par l'exactitude légère, il cède la place à cela qui consiste plutôt à explorer la « confusion née du désir d'en finir avec elle » (*ES*, 84), à cerner l'incertitude d'en finir avec l'incertitude.

Cette cohérence logique de l'incertitude avoisine étroitement, on l'aura compris, la folie douce, à la manière des nouvelles de Robert Walser (manière que Benjamin résume par la formule des contes : « Et s'ils ne sont pas morts, ils sont encore vivants de nos jours. »). Ou à la manière, plus évidemment, d'Antonio de Guevara, le conseiller de Charles Quint, dont Pierre Senges nous livre la prétendue traduction latine de la *Réfutation majeure* – forgerie d'un texte manquant[16] sur l'inexistence dernière du Nouveau Monde.

15 Italo Calvino, *Leçons américaines*, *op. cit.*, p. 157.

16 Guevara était lui-même auteur d'un prétendu « fameux livre de Marc Aurèle » incorporé à son *Horloge des Princes* (1529).

Dans cette façon d'accorder cohésion formelle et cohérence logique en prolongeant les conséquences d'un objet littéraire radicalement impossible, on peut voir l'équivalent littéraire du « *self-consistency principle*[17] », le principe d'auto-cohérence du physicien russe Igor D. Novikov : selon ce principe (devenu "culte"), si les « voyages dans le temps » sont rendus théoriquement possibles par la théorie de la relativité, en revanche la probabilité est dite nulle d'un « paradoxe temporel » – la logique de la « boucle temporelle » devant rester compatible avec l'expérience ultérieure connue.

Ainsi, combler a posteriori un espace vide du passé en imitant le texte supposé de Guevara et en récusant l'existence du Nouveau Monde, n'empêche pas la compatibilité de la *Réfutation majeure* avec la réalité ultérieure (y compris très américaine, comme en témoigne la mention de « John de Hollywood » ou de l'économie de la dette) – puisque la radicale « exactitude » de la réfutation majeure coïncide ironiquement avec la tentation permanente (et dernière), pour le narrateur, du départ pour l'Amérique. Exerçant son imagination comme « répertoire de potentialités, d'hypothèses » selon le vœu de Calvino, le Guevara de Senges ne fait pas pour autant de sa forgerie une fiction brutalement contre-factuelle : la réalité du Nouveau Monde demeure compatible avec sa récusation, car cette réalité n'est jamais qu'une des fictions possibles dont le narrateur dénonce précisément l'usage par les alchimies dévoyées des puissances politiques et économiques de l'Europe.

C'est « l'alchimie sèche » de l'éloquence exactement délirante de Guevara contre l'« alchimie humide » du verbe rationnel et dévoyé de la Conquête ; c'est la forgerie littéraire du texte « complet » (complété) contre la fiction improbable et trompeuse de l'histoire et de la géographie. C'est le bateau de papier de Colomb, mis à plat sur la feuille blanche d'Antonio de Senges-Guevara.

L'excès de précision systématique fonctionne ainsi comme ouverture des possibles et comme modalité de lecture rétroactive du passé. La « cohérence » et la « complétude » de la théorie folle de Guevara opèrent comme réfutation majeure de l'impossible, pourtant bien connu ; la *Consistency* de l'écriture fonctionne comme *abduction* créative du réel[18] :

---

17 « *Stated simply, the Novikov consistency principle asserts that if an event exists that would give rise to a paradox, or to any "change" to the past whatsoever, then the* probability *of that event is zero. In short, it says that it is impossible to create* time paradoxes. » (notice wikipedia)

18 Umberto Eco, prolongeant Peirce, décrit quatre sortes d'abductions : l'abduction surcodée, l'abduction sous-codée, l'abduction créative et la méta-abduction. On pourrait

hypothèse intuitive globale d'une loi générale, démonstration arrêtée au stade de la « priméité » sensible, et qui fait du Nouveau Monde tout entier un cas particulier (et exemplaire) tombant sous le coup de son fonctionnement.

Un jeu d'enfant très érudit, en somme, qui rappellerait assez le plaidoyer de Deleuze pour la cartographie symbolique de la littérature contre l'archéologie immémoriale, la « carte de virtualités, tracée par l'art, [qui] se superpose à la carte réelle dont elle transforme les parcours[19] ». De fait, l'histoire et la géographie sont ici remplacées par la multiplicité des connexions possibles, selon le vœu de Calvino (pour qui le roman contemporain devait, plus encore qu'un mode de savoir encyclopédique, reposer sur « un réseau de connexions ») : anticipation anachronique (ou faussement anachronique en l'occurrence) du Nouveau Monde virtuel de la Relation (non pas au sens de Glissant mais à celui d'Internet). À en croire la visualisation numérique du monstrueux « rhizome » des relations interconnectées, ce Nouveau Monde de la Relation a la forme d'un végétal (mousse erratique) ou d'un animal (oursin extatique) jusqu'alors inconnu.

Or c'est précisément la double voie suivie par Senges, en marge de la *Réfutation majeure* : après la réfection « complète » de l'histoire et de la géographie, la recomposition consistante de la flore et de la faune, placée entre les deux extrêmes catastrophiques de l'Apocalypse et du Déluge.

CONSTANCE RUDÉRALE
La malherbologie du style

> [...] l'on ne saurait prendre assez au sérieux la passion du végétal.
> Walter BENJAMIN, « L'image proustienne ».

Ruines-de-Rome donne l'exemple de cette nouvelle *Consistency (3)* au sens de constance, d'exercice patient de l'écriture comme art clandestin

démontrer que le texte de Senges relève des quatre à la fois, mais qui en a envie.

19 Gilles Deleuze, « Ce que les enfants disent », in *Critique et clinique*, Paris, Les Éditions de Minuit, 1993, p. 87-88.

d'un jardinage eschatologique et urbain : préparant l'Apocalypse en observant sa règle quasi-oulipienne, le texte « plante », fleur après fleur, herbe après herbe, le décor textuel d'une ville recouverte par la végétation, en patientant jusqu'au jour du Jugement dernier – ou du moins en exerçant sa « patience » de l'incipit jusqu'à l'explicit du roman[20], en forme d'ultime procrastination.

À la cohésion de la forme et à la cohérence de la logique s'ajoute ainsi une *Consistency 3* dont les adjectifs botaniques d'« adventice et rudéral » contribuent à préciser la règle[21] : « espèce végétale étrangère à la flore indigène » ou « plante qui pousse spontanément dans les décombres et les friches », l'écriture prolifère comme une mauvaise herbe, clandestine et étrangère, radicalement parasite sur le sol de la tradition du récit apocalyptique – dont l'actualité millénariste a su largement profiter depuis que Calvino est mort, que le siècle a passé et que 9.11 a marqué de son chiffre les nouvelles possibilités de catastrophe[22].

Une règle s'applique ici, au fil des occurrences botaniques (langue-du-diable, trompette-du-Jugement-dernier), qui est celle de la *malherbologie* du style (pour reprendre un terme scientifique[23] qui a l'involontaire avantage d'ironiser la tradition française, tout en renvoyant par l'écriture au « style » de la fleur, seul capable de la féconder). Cet exercice malherbologique du style repose foncièrement sur la littéralisation[24] – un peu

20 « [patience] Adventice, rudéral, le jardinier des derniers jours s'acquitte depuis peu d'une tâche minutieuse, et définitive, faite de siestes, de grasses matinées, d'échéances reportées au lendemain : car dès lors qu'il confond dans une même attitude d'affût souveraineté immobile et défaite prostrée (sa retraite bien méritée : au motif que désormais l'apocalypse est l'ordinaire cours des choses), tout l'invite à patienter jusqu'au jour suivant, puis aux jours d'après, en attendant qu'un signe, un rien, le tire de sa somnolence – il peut trouver le sommeil sans renoncer à ses projets. » (*RR*, p. 252)

21 « Une *adventice* est, en botanique, une espèce végétale étrangère à la flore indigène d'un territoire dans lequel elle est accidentellement introduite et peut s'installer. » ; « les plantes rudérales (étym. l'adjectif "rudéral" dérive du latin *rudus*, *ruderis*, décombres) sont des plantes qui poussent spontanément dans les friches, les décombres le long des chemins, souvent à proximité des lieux habités par l'homme. » (notices Wikipedia)

22 Voir Jean-François Chassay, *Dérives de la fin : sciences, corps et villes*, Montréal, Le Quartanier, « Erres essais », 2008 et Bertrand Gervais, *L'Imaginaire de la fin : logiques de l'imaginaire tome III*, Montréal, Le Quartanier, « Erres essais », 2009.

23 La *malherbologie* désigne l'ensemble des sciences et des techniques qui étudient et éradiquent les herbes adventices.

24 « Appeler une figue une figue » est un bon principe littéraire (*RR*, 32) ; et déjà, dans *La Réfutation majeure* le processus de création du Nouveau Monde reposait sur la littéralisation des symboles alchimiques (*RM*, 54-55).

à la façon dont Deleuze voyait en Kafka celui qui « tue délibérément toute métaphore[25] », ou à la façon dont il récusait (dans un texte consacré précisément à Jean de Patmos[26], l'ennemi intime du jardinier de *Ruines-de-Rome*), l'application de la signification allégorique en considérant par opposition le symbole comme « une méthode d'Affect, intensive, une intensité cumulative, qui marque uniquement le seuil d'une sensation, l'éveil d'un état de conscience : le symbole ne veut rien dire, il n'est ni à expliquer ni à interpréter, contrairement à la conscience intellectuelle de l'allégorie[27] ».

Balançant d'un « souci » à l'autre (le souci ici n'est plus heideggerien qu'en tant qu'il sert d'anti-inflammatoire), entre « pensées et mouron » (« qui est une stellaire » [*RR*, 17]), l'écriture progresse comme du chiendent, en rappelant par moment l'« agonie de saxifrage » ou le « ralenti du lierre à l'assaut de la pierre de l'éternité[28] » de Char – mais alors entièrement dépouillés de leur portée métaphorique. Et surtout, cet exercice malherbologique du style se définit comme application constante, non pas tant à fabriquer l'allégorie de sa propre apocalypse végétale (la dernière « patience » renvoyant tout aussi bien, littéralement, au jeu de cartes du jardinier irrémédiablement *solitaire*), qu'à recouvrir le texte même de *L'Apocalypse* de son propre herbier symbolique de mots ; ou plutôt à recouvrir, pièce à pièce, par l'exercice constant d'une pensée intensive et cumulative, les ruines de son interprétation.

L'écriture est ainsi malherbologique et « remontante » – puisqu'il s'agit de remonter par là le cours des Écritures, en lui opposant sa propre logique[29] :

25 Gilles Deleuze et Félix Guattari, *Kafka : pour une littérature mineure*, Paris, Éditions de Minuit, 1975, p. 40.

26 Gilles Deleuze, « Nietzsche et saint Paul, Lawrence et Jean de Patmos », in *Critique et clinique*, *op. cit.*, p. 50-70.

27 Et Deleuze d'ajouter : « C'est une pensée rotative, où un groupe d'images tourne de plus en plus vite autour d'un point mystérieux, par opposition à la chaîne linéaire allégorique. » *Id.*, p. 64.

28 « Afin qu'il n'y soit rien changé » et « Partage formel », René Char, *Fureur et mystère*, Paris, Gallimard, « Poésie », 1962, p. 32 et 68.

29 À propos de la lecture régressive des Écritures dans *Ruines-de-Rome*, on peut encore penser au commentaire que fait Benjamin du *Plus proche village* de Kafka, lors de sa discussion avec Brecht en date du 31 août 1934 : « Ceux pour qui la vie s'est transformée en écriture, comme pour les Anciens, ne peuvent lire cette écriture qu'à reculons. C'est seulement ainsi qu'ils se rencontrent eux-mêmes, et qu'ils peuvent la comprendre – en fuyant le présent. » (Walter Benjamin, *Écrits autobiographiques*, *op. cit.*, p. 355-357) On en trouvera l'équivalent dans *ES* avec le fragment des p. 113-114.

> **[liane de saint Jean]**
> Lire les écritures en parcourant la page de droite avant la page de gauche (qu'elle éclaire de son anticipation, puisque tout fin donne leur sens aux préludes) : on se résigne vite à chercher auprès des Épîtres ce que l'Apocalypse ne dévoile pas, puis dans les Actes ce que les Épîtres passent sous silence (– de Pierre, de Jacques, de Paul à Philémon), puis dans les Évangiles ce que les Actes taisent – à mesure qu'il remonte à ses débuts, le lecteur avide de conseil considère ces absences comme un oubli, puis comme une négligence, puis un secret, enfin un complot. (*RR*, 122-123)

Ce n'est pas là seulement déjouer la promesse de l'Apocalypse de Jean : c'est entreprendre d'en remonter tout le cours – et ainsi, de remplacer le complot allégorique en « processus d'action et de décision[30] » qui fait de la constance du style le moyen d'envisager un monde nouveau. Où la fleurette des ruines repeuple la langue, et où l'on remonte de l'Apocalypse au Déluge.

CONSTANCE ANIMALE
L'imagination et la langue

> Une chose est sûre : parmi toutes les créatures de Kafka, ce sont les bêtes qui réfléchissent le plus.
> Walter BENJAMIN, « Franz Kafka. Pour le 10e anniversaire de sa mort ».

Pour achever ce mouvement vers l'origine des Écritures, Senges recourt à un quatrième sens de la *consistency :* fermeté, viscosité matérielle – comme dans la phrase (donnée en exemple par quelque dictionnaire connecté au cœur de l'oursin) : « *Everything was excellent except for the calamari, which had the consistency of rubber* ».

30 « Le symbole est un maelström, il nous fait tournoyer jusqu'à produire cet état intense d'où la solution, la décision surgit. Le symbole est un *processus d'action et de décision* ; c'est en ce sens qu'il est lié à l'oracle qui fournissait des images tourbillonnantes. » Gilles Deleuze, « Nietzsche et saint Paul, Lawrence et Jean de Patmos », *op. cit.*, p. 65.

Déjà, le jardinier adventice de *Ruines-de-Rome* savait mobiliser quelques animaux mimétiques au service de son entreprise – « [...] je débauche des phasmes, des chenilles, des papillons, puisque je sais que les premiers seront pris pour des rameaux, les secondes pour des tiges, les derniers pour des feuilles mortes [...]. » (*RR*, 120) – ; et s'inspirant de l'Amazonie rêvée (ou cauchemardée) par Antonio de Guevara, il envisageait une Apocalypse « dans laquelle le caoutchouc tenterait d'imiter les bestiaires eschatologiques, et chaque iguane la Bête des illuminés » (189).

Poursuivant l'exorcisme, c'est à la consistance animale que s'attaque directement *Zoophile contant fleurette*, en achevant de remonter le cours des Écritures pour réécrire carrément, cette fois, l'épisode de l'Arche de Noé (déjà annoncée, à une lettre près, l'air de rien, par l'« ache inondée[31] »). Et ce, en 99 actes de « création » d'un genre un peu particulier – Noé donnant de sa personne pour féconder tous les animaux femelles (ou hermaphrodites) qu'il a recueilli(e)s sur son arche.

Deleuze déjà (encore), dans le texte cité consacré au symbole chez « Nietzsche et saint Paul, Lawrence et Jean de Patmos » (un texte d'une ambition folle), avait entrepris de réécrire, quant à lui, l'épisode œdipien de l'énigme du Sphinx d'une façon qui confondait volontiers l'homme et l'animal :

> Pensons à la question du Sphinx : « qu'est-ce qui marche d'abord sur quatre pattes, puis sur deux, et enfin sur trois ? » Elle est plutôt stupide si l'on y voit trois parties enchaînées dont la réponse finale serait l'Homme. Elle s'anime au contraire si l'on sent trois groupes d'images en train de tournoyer, autour du point le plus mystérieux de l'homme, les images de l'enfant-animal, puis celles de la créatures à deux pattes, singe, oiseau ou grenouille, et puis celles de la bête inconnue à trois pattes, d'au-delà des mers et les déserts[32].

Senges « anime » aussi l'énigme de l'arche de Noé selon « une fantaisie étrangère à l'absurde mais pas aux bestiaires » (*RR*, 9), une fantaisie cohérente, constante et consistante, appliquée avec soin à ressusciter l'ordre zoologique et humain selon un principe proche de ce devenir-animal que le philosophe assignait, plus tôt, à la littérature mineure :

---

31 « [ache inondée] Le déluge : le jardinier, avant de se vouer aux boutures et aux marcottages, a été tenté par la voie d'eau, le jeu innocent des fuites et des robinets ouverts : noyer la ville [...] afin d'y mimer le déluge de Noé ou un engloutissement digne de l'Atlantide. » (*RR*, 147-148).

32 Gilles Deleuze, « Nietzsche et saint Paul, Lawrence et Jean de Patmos », *op. cit.*, p. 64.

> Devenir n'est pas atteindre à une forme (identification, imitation, Mimésis), mais trouver la zone de voisinage, d'indiscernabilité ou d'indifférenciation telle qu'on ne peut plus se distinguer d'*une* femme, d'*un* animal ou d'*une* molécule : non pas imprécis ni généraux, mais imprévus, non-préexistants, d'autant moins déterminés dans une forme qu'ils se singularisent dans une population[33].

Atteindre cette « zone de voisinage » avec l'animal[34], c'est bien toute la difficulté de l'exercice, que ce soit avec le désormais fameux oursin[35], ou encore, dès le premier fragment, avec l'écrevisse :

> 1. *L'écrevisse* : trouver par où lui faire un enfant n'est pas trouver par où lui faire l'amour, ni par quels biais (chercher encore et encore avait de quoi ravir ma maîtresse, à cause de mes empressements de jouvenceau, fourvoyé six ou sept fois de suite au mauvais endroit : il s'en est suivi une sorte de pâmoison, difficilement identifiable). (*ZF*, 19)

Noé-Senges, campé en nouvel amoureux de la femelle du requin (et père, par contrecoup, de Lautréamont, son imitateur, ou plagiaire par anticipation[36]) ? Et s'il est vrai que « la littérature commence avec la mort du porc-épic, suivant Lawrence, ou la mort de la taupe, suivant Kafka[37] », pourquoi ne se prolongerait-elle pas par leur résurrection (épisodes 29 et 48[38]) ?

Gagné par cette constante hallucination, on s'apercevra alors que les *Leçons américaines* de Calvino avaient elles-mêmes tendance à annoncer, en filigrane, cette arche de Noé de la littérature contemporaine à laquelle Pierre Senges donne consistance.

---

33 Gilles Deleuze, « La littérature et la vie », in *Critique et clinique*, *op. cit.*, p. 11.

34 L'expression est strictement identique dans « Ce que les enfants disent », concernant l'image du cheval : « on ne fait pas le cheval, pas plus qu'on n'imite tel cheval, mais on devient un cheval, en atteignant à une zone de voisinage où l'on ne peut plus se distinguer de ce qu'on devient. » (*Id.*, p. 86).

35 « 3. L'oursin : cela peut paraître incongru (héroïque, obsessionnel, courageux, cocasse, masochiste, intrigant, gourmet, snob, irréfléchi), mais j'ai aussi connu l'oursin femelle. » (*ZF*, 20)

36 « Moi si cela avait pu dépendre de ma volonté j'aurais voulu être plutôt le fils de la femelle du requin ». On pourrait rappeler également « Le requin et la mouette » de Char, autre glose érotique du *Zoophile* : « Faites que toute fin supposée soit une neuve innocence, un fiévreux en-avant pour ceux qui trébuchent dans la matinale lourdeur. »

37 Gilles Deleuze, « La littérature et la vie », *op. cit.*, p. 12.

38 « 29. La taupe : la taupe ne m'a pas trouvé adroit – le fait est que je n'ai pas trouvé la taupe : notre amourette a été le plus tendre des ratés : des fiancés se manquent dans l'obscurité. [...] 48. Le porc-épic : des prétentieux auraient compté sept cent soixante-dix-sept façons de faire l'amour au porc-épic. » (*ZF*, p. 29 et p. 35).

La légèreté ? C'est celle de « l'oiseau et non de la plume[39] ».

La rapidité ? Celle du cheval – conçue comme vitesse mentale. À la manière du cheval de Kafka dans le fameux fragment de *Contemplation* (qui sert à Benjamin, encore lui, pour décrire Kafka enfant, et qui hante littéralement la littérature contemporaine) :

> Et si l'on était un indien, prêt sur le champ et fendant les airs sur son cheval lancé, on ne cesserait de frémir sur la terre frémissante, jusqu'à larguer les éperons (il n'y avait pas d'éperons), jusqu'à lâcher les rênes (il n'y avait pas de rênes) et on verrait à peine devant soi la terre pareille à la lande fauchée à ras, désormais sur un cheval sans tête et sans encolure[40].

Même « la syntonie et la focalité » sont symbolisés par des animaux de l'arche : la mobilité virtuose du papillon (que Benjamin, toujours lui, associait déjà à l'indécision de Kafka dans le passage sus-cité[41]) et la *craftsmanship* du crabe, toutes qualités dont Noé le Zoophile fait l'épreuve originelle[42], et que confirmeront bien plus tard des expériences hyper-logiques, mathématiques et virtuelles.

Quant au *spiritus phantasticus*, dont Calvino fait, après Giordano Bruno, la clé de toute forme de connaissance, on sait depuis la Renaissance (et la *Melencolia I* de Dürer) qu'il s'allie facilement avec la chauve-souris – laquelle « signifie l'effort fait par l'homme pour surmonter audacieusement la misère de sa condition en osant l'impossible[43] ».

Pour Noé, cela donne ceci :

> 8. La chauve-souris : inutile de l'appeler, dans la nuit, inutile : et moi, pourtant, comme un nigaud, je rentonnais mes sérénades. N'empêche, ç'aura été assez voluptueux : la tête en bas, les ongles dans le dos. (*ZF*, 22)

---

39 Italo Calvino, *Leçons américaines. Aide-mémoire pour le prochain millénaire*, *op. cit.*, p. 38.

40 Franz Kafka, *Contemplation* [1912], dans une traduction de Jacques Darras disponible sur le site de *Regard au pluriel :* « Wenn man doch ein Indianer wäre : variations sur un texte de Franz Kafka », *L'Alimentation générale*, p. 11.

41 Voir aussi « La chasse aux papillons » in *Enfance berlinoise vers 1900* [1932-1933], trad. de l'allemand par Pierre Rusch, Paris, Éditions de L'Herne, 2012 qui rassemble le lépidoptère et les fleurs dans la même révélation, pour l'enfant, de la « langue étrangère » – un flagrant plagiat par anticipation de Deleuze.

42 « 96. Le crabe : à certain moment de l'amour, peut-être le plus ardent, l'amant comprendra à quel point il n'était pas nécessaire de bien savoir s'y prendre : le crabe le sait, lui, parfaitement. » (*ZF*, 51).

43 Giorgio Agamben, *Stanze : parole et fantasme dans la culture occidentale* [1992], trad. Yves Hersant, Paris, Rivages, « Petite bibliothèque », 1998, p. 61.

La tête en bas, les ongles dans le dos et les Écritures à l'envers, le *spiritus phantasticus*, campé en Noé zoo-érotomane, va « puiser dans le réceptacle de la multiplicité potentielle » comme dit Calvino.

Et c'est bien, après tout, ce que fait Senges lui-même, en écrivain-singe (en « *Synge* », *ES*, 74), en acrobate de la littérature et en homme d'aplomb du Nouveau Monde[44].

Imitant parce qu'il cherche une issue, et pour nulle autre raison (comme le singe de Kafka dans son *Discours pour une académie*) : il cherche à donner consistance, a posteriori, aux rêves, aux utopies laissées en friche – à redonner un coup d'éperons aux chevauchées à ras sur la lande de la littérature.

CONCLUSION

> Ce qui n'était pas à expliquer est parfaitement contenu dans ce qui n'explique plus rien.
> Giorgio AGAMBEN, « Kafka défendu contre ses interprètes ».

J'aimerais conclure sur une dernière équivalence lexicale de la *consistency* – laquelle subsumerait les quatre figures de sens évoquées précédemment : *l'esprit de suite.*

Ce que l'écriture persévérante de Senges définit en effet, au fil de ses étonnantes métamorphoses, c'est bien la vertu de la *consistency* comme esprit de suite : répétition et prolongement, complétude rétroactive et invention créatrice, productivité des possibles et narrativité fragmentaire, nouvelle hygiène du vocabulaire littéraire et révolution patiente du style.

D'échec programmé en contre-utopie salutaire, après avoir essayé sans succès de couler sa barque « dans une petite baie naturelle[45] », Pierre

44 « [...] s'il tombe un fruit (après trois jours entiers de chute à travers un treillis de branches entrecroisées : une chute lente, à chaque étape plus confuse, et qui se termine en vague suint), il peut s'agir parfois d'un singe. » (*RR*, 188).

45 Le dernier fragment d'*Études de silhouette* (*ES*, 136) symbolisant ainsi l'impossibilité d'en finir avec la littérature, après tous ceux qui sont « partis sur un radeau pour se noyer au

Senges a complété à sa manière, et pour le bien du millénaire actuel, les *Leçons américaines* de Calvino[46].

Emmanuel Bouju
Université Sorbonne Nouvelle

large » (*RM*, 174).

46 J'ai appris depuis la rédaction de cet article que P. Senges avait commencé de compléter Calvino lors d'une conférence à Bari intitulée « Comment composer ses états d'âme ? ». Je travaille désormais à la réfutation de l'existence de cette conférence issue de l'Ancien Monde.

« PRÉFÉRER PERGAME À ALEXANDRIE »

Entretien avec Pierre Senges, par Audrey Camus et Laurent Demanze

Audrey CAMUS et Laurent DEMANZE : Dans *Environs et mesures*, qui prolonge sur le mode de l'essai une rêverie géographique commencée avec *La Réfutation majeure*, tu évoques tous ces savants qui ont tenté de localiser les lieux imaginaires, de l'île de Calypso au paradis. Contrairement à une idée reçue, tu défends que le savoir exact ne désenchante pas le rapport au monde, mais l'exalte au contraire. Et surtout, tu soulignes la puissance évocatrice de la précision, que tu décris à plus d'une reprise comme un émerveillement. Peux-tu revenir sur cet émerveillement du savoir précis ? Est-il à rapprocher du délice romanesque du détail singulier chez un Schwob ou du poignant de l'attesté, évoqué par Barthes ?

Pierre SENGES : Je ne devrais sans doute pas citer une des phrases d'un de mes livres – mais après tout, se répéter n'est pas nécessairement se rendre hommage : au commencement d'*Essais fragiles d'aplomb*, je parle du mystère profane et pourtant précieux de la pesanteur. Cette idée d'un mystère profane (profane dans un sens assez large) est à nouveau à l'origine de l'écriture d'*Environs et mesures*, à l'origine en tout cas de ma curiosité à l'égard de ces travaux de localisation. De la même manière (voilà des idées fixes et des acharnements parfois involontaires), je trouve particulièrement intéressant, pour une créature humaine, de voir comment l'amour sacré, celui des docteurs de l'église ou des mystiques, doit fatalement prendre modèle sur l'amour profane, pour prendre forme – et même pour être théorisé. L'émerveillement du savoir précis est alors pour commencer un émerveillement trivial, ou du trivial, par et pour des êtres sublunaires – un enchantement, un plaisir aussi raffiné s'il le faut que le plaisir de l'abstraction ou celui inspiré par les œuvres quand elles visent le sublime. On peut penser à l'éloge de la langue poétique anglaise, par Michael Edwards, capable, peut-être plus que la tradition française, d'aborder la trivialité, et d'en relever, dans le détail, la beauté.

Mais en effet, ce détail, trivial à l'occasion, avait déjà fasciné Schwob, et lui avait servi de magnifique moteur d'écriture – je crois me souvenir du détail de la barbe d'Antoine, si noire et si épaisse qu'il devait la raser deux fois par jour : un détail à quoi William Shakespeare se serait accroché. L'écriture d'*Environs* vise à échapper à deux pièges, ou deux manières de penser décevantes : la première consistant à mépriser le conte au nom de la réalité des choses réelles (et d'un étrange devoir d'authenticité), la deuxième consistant à se méfier de toute précision positiviste dans l'espoir de sauver l'enchantement des poètes. Se laisser conduire par la lecture de Victor Bérard (les *Navigations d'Ulysse*) suffit pour comprendre comment une pensée positive, apparemment âpre, engendre de l'enchantement, non pas au sens niais du terme, mais l'enchantement éprouvé compte tenu de toutes nos exigences de lecteurs aux aguets, revenus de tout.

Bien sûr, la mesure éblouit, même mise en scène fictionnellement, comme l'exhibition des tables de logarithme par Arno Schmidt ; elle a son vocabulaire, ses maniaqueries, ses connivences, elle détaille effectivement d'une manière inattendue, et déforme – et on sait dans quelle mesure la littérature est une déformation (« Je tends à la déformation des thèmes que le destin m'a proposés » – je cite Gadda de mémoire). Mais ce qui rend parfois attendrissantes les recherches accomplies par les géographes (selon ce qu'on imagine), c'est aussi ce qui en fait des motifs littéraires, à savoir leur caractère un peu vain (l'utilitarisme, du coup, rejoint la vanité), leur échec écrit d'avance (la littérature, on le sait, adore les perdants, et aussi les demi perdants : pour mieux les sauver, puis en recueillir la gloire), et le recours à la fiction. Parce que l'enquête scientifique en passe bien souvent, pas seulement au moment de vulgariser un propos, par une écriture proche de la narration, de la fiction en général. Certaines figures de style employées par la science appartiennent également à un répertoire littéraire, où proviennent d'un fonds commun, intuitif et réfléchi (on doit y trouver les œuvres de Piero della Francesca, ses écrits mathématiques et les profils peints sur des murs) : écrire des listes, établir des catégories, résoudre une énigme, forger des hypothèses, sauver les apparences, raconter une expérience de pensée, *etc.*

En somme, la danse de ces géographes devant l'attesté est une manière agréable, non réaliste, de postuler la réalité, et d'écrire sur cette lancée.

A.C. et L.D. : Pour à notre tour continuer sur cette lancée, il nous semble que dans ton œuvre, l'attesté, quel que soit son pouvoir de fascination, est aussi rudement mis à l'épreuve, puisque l'entreprise érudite est systématiquement minée par l'échec et la vanité quand elle n'est pas tout bonnement mise au service du mensonge ou du faux, comme dans *La Réfutation majeure*. Le savoir apparaît de la sorte à la fois comme le lieu de l'enchantement et la source d'une pensée conjecturale vouée à le récuser. Comment expliquer cette ambivalence ?

P.S. : C'est juste : l'entreprise scientifique (la science considérée comme un état d'esprit, un désir et une manière de faire) est parfois confrontée à l'échec – confrontée aussi à son contraire, à l'erreur, à l'approximatif, à l'émotionnel et aux fantasmes. Je crois que cette mise en scène de l'échec n'est pas systématique : *Fragments de Lichtenberg* oppose arbitrairement Lichtenberg à Goethe ou Lavater pour faire l'éloge de la pensée réellement scientifique de Lichtenberg : sa rigueur opposée au dilettantisme ou à l'idéologie. Mais la science postule nécessairement l'échec, elle postule la réfutabilité de ses découvertes, sans quoi une hypothèse n'est plus du domaine de la science, mais du domaine de la vérité révélée – la fiction ne perd pas de temps pour s'emparer de ces postulats, l'erreur possible, l'échec envisageable, et faire ses petites mises en scène.

Le savoir est fascinant (des romanciers ont compris comment rendre palpitante une histoire des sciences), mais le non-savoir est parfois plus fascinant encore : l'absurdité révèle des faiblesses troublantes, elle décrit le genre humain ; une erreur ancienne nous paraît exotique, elle met au jour également une méthode de pensée qui allait de soi jusqu'alors. (L'une des vertus des meilleurs livres, fiction ou non-fiction, est de nous rappeler que toute pensée allant de soi ne va pas de soi.) Pour paraphraser Gustave Flaubert, selon qui conclure est une preuve de bêtise, on pourrait dire que comprendre est parfois un signe de paresse d'esprit – c'est un paradoxe et un abus de relativisme, probablement, mais si le relativisme abusif est infâme dans le domaine des savoirs sérieux, il peut sous certaines formes engendrer en toute impunité de beaux récits. Il me semble que l'incertitude a des avantages que la certitude n'a pas – l'esprit scientifique le sait, il donne l'hospitalité à l'incertitude, à quoi s'ajoutent les erreurs fécondes, les *a priori*, les prévisions hasardeuses, la prédiction, l'attente, l'espérance, et face à un phénomène observé le désir de le décrire harmonieusement d'après l'esthétique de l'époque. Je ne veux pas mettre en scène seulement un « je sais que je ne sais pas », parce que le savoir précis et confirmé est lui aussi très beau (la constante de Planck) ; il me paraît plus intéressant de jouer, poser des masques, fictionnaliser, parodier comme la fête des fous parodie la liturgie, mêler des cartes et insinuer des doutes provisoires. Ceci dit, j'insiste sur le fait que le scepticisme anti-scientifique, anti-universitaire, me désole : lui aussi veut comprendre trop vite.

La fiction est un parasite, disons plutôt un commensal si elle ne nuit pas à l'organisme parasité ; elle pousse sur tous les murs, si on la laisse pousser : on la voit alors parasiter l'astronomie, la géographie, l'anatomie, les arts de la guerre, etc. La fiction est accommodante, elle peut prendre pour point de départ le vrai comme le faux, la pertinence comme l'erreur, ou le faux. Et le plus souvent, la fiction, comme les sciences, comme nous autres, se situe entre le vrai et le faux longtemps avant de reconnaître où se situent l'un et l'autre. L'hypothèse fausse de *La Réfutation majeure* permet (du moins, je l'espère) à son auteur Antonio de Guevara de prononcer des paroles vraies ; à nos yeux de modernes, il a tort, ridiculement tort. Pourtant, je compte ne pas mettre en scène un homme ridicule ni borné – tout au contraire : je souhaite qu'on puisse voir de la noblesse dans son erreur, et de la magnanimité. D'une façon générale, je ne souhaite pas jouer avec l'erreur ni le faux pour me payer la figure de quelques personnages : selon moi, Antonio de Guevara est un vaincu à qui les vainqueurs devraient rendre les honneurs. Inventer une confrérie d'hurluberlus fascinés par la chute était pour moi une façon de conjurer la mort de ce malheureux (dont j'ai retrouvé le nom par hasard le jour de la publication du livre), du haut de la Tour Eiffel, en 1913. Toutes les hypothèses et les expériences menées depuis des siècles sont là pour convertir un échec lamentable en expérience réussie.

Il y a beaucoup à apprendre à la lecture de *Bouvard et Pécuchet* : Flaubert note dans ses carnets que ses bonshommes veulent faire comme René Just Haüy, qui brisait ses cristaux pour mieux les comprendre : ils brisent tout, ils détruisent, mais pour finir la destruction l'emporte sur le savoir. L'engagement de deux amis dans l'étude engendre une lourde solitude, bien sûr, mais j'ai l'intuition que le caractère réfutable de la science sauve de la solitude, parce que la réfutation incite à la dispute, tandis qu'une vérité révélée conduit au Carmel.

Je reconnais ma fascination pour le faux, pour l'erreur, pour les conjectures maintenant obsolètes – et pour l'ignorance, bien sûr, parce que nos ignorances, par définitions, sont énigmatiques. Notre pensée accumule des savoirs incomplets, mais elle ne pourra jamais accumuler des ignorances l'une sur l'autre ; reste alors la mystique, et ses silences, ses rituels, ou la fiction, qui peut au moins broder autour de l'ignorance. Mandelstam écrit quelque part (je n'ai pas le livre sous la main) quelques lignes très drôles et belles au sujet d'un petit pain rond, avec un trou au milieu : l'important, c'est le trou – il a raison, mais broder tout autour est la seule façon de remarquer son existence. Cette histoire de pain rond est peut-être capable d'anoblir l'ornement – vous savez : l'exercice de style un peu vain.

(Une façon beaucoup plus courte de répondre à cette question aurait été de citer Jean-Paul Manganaro, à propos de Calvino et de son *Palomar* : observer les signes de plus près, de façon plus critique, dans le détail, fait échapper la connaissance.)

A.C. et L.D. : À écouter avec quelle gourmandise ton adaptation radiophonique de *Bouvard et Pécuchet* capte le chantier documentaire des deux héros flaubertiens, on se dit que c'est dans ta pratique aussi un moment décisif. On t'imagine comme eux épinglant avec curiosité, émerveillement et ironie des perles de citation, et dévorant les livres pour en extraire la matière nouvelle de tes livres. On voudrait ainsi savoir comment ton écriture s'articule à la pratique documentaire, au rassemblement de l'information : est-ce que tu élabores au préalable une bibliothèque pour creuser ton sillon (sur la médecine, la botanique), ou est-ce que les lectures et les documents sont appelés par des apories d'écriture ?

P.S. : L'idéal serait évidemment de tout avoir à portée de main, les livres et les fragments que la mémoire retient – d'ailleurs la mémoire vaut sans doute mieux que la consultation de tel ou tel document si l'écriture procède par associations d'idées et gagne à faire des liens spontanés, hasardeux, entre deux objets étrangers l'un à l'autre. Parlant d'association d'idées et donc d'analogie, je ne fais pas référence seulement à la métaphore mais à l'ensemble de ce qui constitue un texte et le fait avancer :

les éléments du récit, les hypothèses, les commentaires, les accessoires, les personnages, et avec ça quelques paroles énigmatiques. On reprochait amicalement à Miklós Szentkuthy d'*évoquer* sans cesse : de fait, sa littérature est faite, comme celle de Marcel Proust, de rapprochements parfois périlleux : quand ils sont justes, c'est-à-dire justes fictionnellement, ils sont beaux – preuve que l'émotion peut tenir à une idée.

D'un projet à l'autre les méthodes peuvent changer, mais en règle générale, la documentation se fait avant l'écriture ; elle se fait parfois à côté, mais il est beaucoup plus ardu pour moi d'écrire et de consulter en même temps (consulter voulant dire chercher ou feuilleter), parce qu'il m'est difficile de faire ce que je devrais pourtant faire, à savoir écrire lentement, minutieusement, chaque mot pesé et considéré comme le coup de pinceau du peintre tachiste. Pour des raisons triviales, je dois écrire au fil du stylo, sur un certain élan, même si cet élan est mensonger (il est fictionnel : le fait d'écrire est inscrit dans la fiction écrite) ; je dois aussi pousser la phrase le plus loin possible. Les scrupules, la minutie, la lenteur, etc., arrivent après coup, au moment de la correction. D'où la nécessité de compter sur la mémoire, les réminiscences, l'association d'idées, encore elle, et le hasard que cela suppose. Dans des cas très précis, comme pour la *Réfutation majeure* où les références étaient volontairement précises, nombreuses et obscures, il y a des notes : c'est l'ordinaire recours aux carnets. Il faut puiser là-dedans tout en se donnant l'impression de poursuivre ses propres réflexions, en s'appropriant la matière première, tant bien que mal. Ceci dit, ces pages de notes contenant du dérisoire et du fondamental peuvent être consultées de temps en temps, en dehors des heures d'écriture, pour se rafraîchir la mémoire, ou se rafraîchir tout court.

Fouiller dans les archives est une pratique paranoïaque (ou paranoïde ?), à savoir une lecture volontairement biaisée des textes pour, si possible, arracher un sens qu'ils n'avaient pas encore. Quand tout se passe bien, les livres fournissent des pistes, des situations dramatiques, des personnages, des figures, des accessoires, des prénoms remarquables, des détails, des chiffres, des hypothèses, et une information incongrue pouvant passer pour la révélation d'un secret. Il faut compter encore une fois sur la chance, la fameuse sérendipité, ce qui a lieu assez souvent quand on travaille sur plusieurs projets à la fois : un livre consulté pour le projet *Laurel* se met à être indécemment généreux envers le projet *Hardy*. Ce type de passerelle n'est pas fait pour calmer le désir d'associations d'idées.

Le librettiste doit être un pique-assiette opportuniste comme l'était Henry James, à l'affût des cancans pendant le dîner, prêt à convertir le cancan, de retour chez lui, en une nouvelle élégante. Pour l'opportuniste, l'absence, le vide, le non-dit, peuvent être tout aussi nourrissants, comme part de mystère ou incitation au mensonge ; dans certains cas, le document, surtout s'il est important, doit être considéré avec une certaine distance. Ne pas le consulter (comme en ce moment je garde sous mon coude un ouvrage dont je regarde essentiellement le titre et la couverture) fait aussi partie du jeu. Selon Patrick Boucheron, l'archive peut devenir la plaie de l'historien ; il suggère malicieusement que la disparition des archives de la ville de Naples est une aubaine pour les chercheurs.

A.C. et L.D. : La documentation sert parfois à divers projets, dis-tu. On relève, de fait, tout un système d'échos ténus entre tes différents livres : ainsi l'Apocalypse, les héros de l'aviation, Macbeth et Lichtenberg, qui donneront chacun lieu à un texte, font-ils tous une brève apparition dans les *Veuves au maquillage* par exemple ; le singe de Percival semble échappé de l'Utopie des *Commentaires sur les chemins de ronde* ; le règne de Charles Quint est une période privilégiée, etc. Quel rapport les livres entretiennent-ils entre eux ? Peut-on interpréter la cohérence qui se manifeste de la sorte comme la marque de cette encyclopédie ouverte qu'évoquait Italo Calvino dans sa leçon américaine consacrée à la multiplicité ?

P.S. : *Cohérence* est sans doute l'expression de la générosité du lecteur, et le fait du hasard si on ajoute au hasard quelques obsessions privées (je ne sais pas s'il est légitime de mettre *monomanie* au pluriel). Apocalypse, Noé ou Lichtenberg appartiennent sans aucun doute à la catégorie *monomanies* ; les héros de l'aviation tombent davantage par hasard, ils étaient là pour faire figure de contre-exemple aux expérimentateurs de la chute et aussi pour donner une idée de l'histoire des inventions considérée comme un genre. Le XVIe siècle, qu'il soit celui de Charles ou celui des papes ornés de toute part, est assurément un décor idéal et généreux pour tout ce qui ressemble à un récit de fiction : il est entièrement nourri de nos fantasmes de spectateurs ou d'historiens, il est complexe à souhait, il fait l'entremetteur entre artistes de génie et princes machiavéliques, ou entre évêques et prostituées célèbres, il est contemporain des massacres et de l'humanisme, il se fait embellir par les meilleurs décorateurs du temps. Les siècles XVIIe et XVIIIe ne sont pas mal non plus – le XVIIIe s'est montré généreux en figures, il a été un décor amusant pour Lichtenberg.

Lichtenberg, justement, ou Macbeth, sont comme Don Quichotte et l'Arétin (dans quelques textes publiés ici ou là, et des brouillons), ou encore Münchhausen, des personnages complets, farcis d'avance ; il est agréable (et il semble facile) de les kidnapper pour les utiliser à sa façon, sans se soucier des questions de droit d'auteur. La défiguration de Lichtenberg est malhonnête, comme les métamorphoses infligées à Néron par les auteurs de péplum ; elle essaie pourtant de rendre un peu justice dans l'injustice ; Christophe Colomb ou d'autres subissent aussi ces petits mauvais sorts, mais après tout, ce n'est rien en regard de ce qu'inflige Dumas à Marguerite de Valois ou, dans un autre registre, Krzyzanowski à Lénine (dans *Le retour de Münchhausen*, justement). Les uns et les autres, personnages réels et fictifs, appartiennent au même titre à la mythologie présente ; ils remplacent Proserpine et Danaé.

Selon l'avancée du travail, il est assez fréquent de voir les textes se superposer à différentes étapes de leur avancement ; comme ils ne sont pas étanches, ils se contaminent plus ou moins, comme on l'a dit ; la petite figure contrefaite du chimpanzé fait par-ci par-là son caméo, de façon systématique, allez savoir pourquoi. Il faut dire qu'entre le singe diabolique, le singe imitateur, le singe buveur d'encre, dactylographe ou cousu dans le sac où l'on enferme les parricides avant de les noyer, nous avons le choix des incarnations : le singe est un animal distrayant, il s'adapte volontiers.

J'ai le plus souvent l'impression que les livres suivent le fil de quelques associations d'idées, un texte prenant naissance inopinément dans une phrase du précédent ; le fait de travailler sur plusieurs projets en même temps, le fait aussi d'entamer l'écriture d'un texte parfois longtemps après en avoir eu une première idée, tout cela permet d'agencer tant bien que mal les textes les uns par rapport aux autres (s'amuser par exemple à annoncer *Essais fragiles d'aplomb* dans *Ruines-de-Rome*). Il y a des points communs, mais je souhaite surtout ne pas proposer tous les ans à l'automne un livre de la même taille, du même poids, de la même forme, et qui aurait un air de famille évident avec les précédents : *Études de silhouettes* est, volontairement, un petit divertimento après la fausse grosse machine historique des *Fragments de Lichtenberg*. Bouvard et Pécuchet se moquaient de Balzac parce qu'il avait écrit un livre sur la chimie, un autre sur la banque, un autre sur l'imprimerie : j'ai parfois l'impression d'être pécuchéen (pas balzacien) en proposant un livre anatomique, puis un autre botanique, un autre mathématico-animalier, etc., tout en me donnant à peu de frais le sentiment de me plonger dans le sujet. Il s'agit en vérité de jouer la comédie, d'abord déguisé en médecin légiste, ensuite en jardinier, comme Bouvard se déguisait en paysan et Pécuchet en hygiéniste.

A.C. et L.D. : Parmi ces figures récurrentes qui tissent des liens de livre en livre, il est une figure qui après bien des apparitions est au centre de *Zoophile contant fleurette*, c'est celle de Noé. On reconnaît là une incarnation possible du désir encyclopédique d'accumuler, d'entasser, et c'est d'ailleurs une métaphore traditionnelle du projet encyclopédique, développée notamment par Raymond Queneau. Cette figure, tu l'articules à la question de l'hospitalité, qui est un mot fétiche de ton œuvre : le désir de savoir comme étant non seulement un désir, une passion ogresque mais aussi une invitation accueillante à la diversité des savoirs, c'est-à-dire aussi une suspension quitte « à refuser toute forme de distinction, toute forme de jugement de valeur, quitte à accepter, au nom d'un syncrétisme humaniste ou éclairé, le mauvais objet comme le bon, la mauvaise hypothèse comme la bonne, et le livre insignifiant ». Est-ce à dire que l'encyclopédisme que tu pratiques est une hétérogénéité sans sélection ?

P. S. : L'inquisiteur tente ici de piéger le prévenu : la citation « à refuser toute forme [...] livre insignifiant » est extraite d'un texte sur Flaubert. J'y comparais, faute de mieux (c'était une commande, je devais parler de *Bouvard et Pécuchet* devant des spécialistes de Gustave : il a fallu faire diversion), l'appétit ogresque des deux copistes à la curiosité des Temps Modernes selon Hans Blumenberg, celle qui « renonce à porter un jugement de valeur sur ses objets et à distinguer entre ce qui est digne d'être su et ce qui relève du bon plaisir » (contrairement à une science tournée vers Dieu et ses anges et leurs harpes, par exemple). Le même appétit était comparé à l'abondante et absurde bibliothèque du *Congrès* de Borges : dans cette nouvelle, des hommes sous la conduite d'un propriétaire terrien d'Uruguay créent un Congrès représentant l'humanité entière ; ils disposent d'une bibliothèque remplie, pour commencer, d'ouvrages essentiels puis, pour finir, d'ouvrages insipides ou redondants (plusieurs milliers de *Don Quichotte*) : ceci afin de refléter exactement, à l'échelle 1/1, l'humanité telle qu'en elle-même. Cette bibliothèque du Congrès ressemble diablement à l'usine de papier où vont se servir à la fin de leur vie Bouvard et Pécuchet ; elle montre les limites de l'accumulation et, peut-être, de la folie encyclopédique.

Le choix est une des conditions de l'intelligence, et de la morale, même si, pour ce qui concerne nos archives, nous avons fait collectivement le choix de ne pas choisir au nom de la morale (tout conserver est considéré comme préférable à désigner ce qui sera détruit). Dans le domaine de la fiction, l'hospitalité à toute chose est plus facilement admise : le trivial, l'ordinaire, la vignette, le ticket de cinéma et l'image sur une boîte de céréales ont leur place ; tout le travail consistant à ne jamais *devenir* vulgaire ou bon marché avec le trivial. Sans aller jusqu'à consacrer deux cents pages à l'insignifiant (si j'avais la méchanceté argumentée de Nabokov je dirais que je laisse cet exercice aux praticiens de l'autofiction), nous avons tout intérêt à faire en sorte que les livres donnent l'hospitalité – elle peut être de toute sorte, il y a celle de Noé, mais il y a aussi celle, plus discriminante par la suite, du comte Dracula. Les livres de Browne et de Burton sont de merveilleux exemples d'hospitalité ; ils ont servi d'exemple à quelques auteurs modernes, qui ont donné des livres plantureux.

Bien sûr, j'ai un peu honte, je trouve d'emblée les bibliothécaires de Pergame plus sympathiques que les bibliothécaires d'Alexandrie, s'il est vrai que les Alexandrins étaient suspicieux, supprimant sans remords des vers entiers de l'Odyssée considérés comme apocryphes, pendant qu'à Pergame on se livrait au plaisir gratuit de l'interprétation sans toujours se soucier de la véracité, en vouant un culte à l'anomalie, et en achetant des faux à prix d'or. Ils lisaient des inauthentiques et en tiraient des conclusions.

A.C. et L.D. : À travers Bouvard et Pécuchet se profile la silhouette de l'autodidacte, que tu as déjà eu l'occasion de mentionner. Tu as souligné combien elle était décisive pour toi non seulement dans la boulimie de lecture, mais aussi dans la déhiérarchisation, dans le fétichisme des savoirs palpables partout dans ton œuvre. Nous voudrions t'interroger sur la dimension implicitement politique de l'autodidaxie, car en filigrane de ton travail il y a toute une dénonciation des fausses autorités, une mise en scène des faux docteurs et des conclusions dogmatiquement imposées. Serais-tu d'accord pour voir dans ton œuvre le lieu d'une réappropriation démocratique des connaissances, d'une relégitimation de l'individu non-spécialiste face aux connaissances ?

P. S. : Les raisons de l'autodidaxie ne sont pas toutes bonnes, ni vertueuses – on pourrait en dire autant des facultés ou des dispositions de l'autodidacte. Il y a parfois dans la posture de l'autodidacte un confort intellectuel dont il faut se méfier : certaines pages d'Arno Schmidt, par ailleurs enchanteresses, montrent dans quels pièges délicieux peut tomber le self-made man (j'emploie l'expression anglaise en référence au *self-made world* théorisé par Schmidt : être capable de créer son propre monde est une des qualités de l'autodidacte s'il parvient à l'originalité grâce à son indépendance ; s'y enfermer est un effet pervers). La fierté devient de l'orgueil, la multiplicité des curiosités devient absence de rigueur, l'ironie face aux certitudes devient une autre forme plus pesante de certitude, etc. L'autodidacte est plus avisé de vivre en bon voisinage avec l'hétérodidacte, parce qu'il y a toujours de l'autodidaxie dans l'hétérodidaxie, et vice versa, et parce que la démocratie peut se trouver aussi dans les institutions, là où les maîtres ont des élèves. Au Collège de France, des professionnels issus de l'université fixent leur micro cravate sous des regards d'autodidactes, certains revenus du marché avec un panier orné d'un poireau.

Je me demande si, au bout du compte, évoquer les fausses doctrines n'est pas plus amusant et plus enrichissant que d'évoquer les faux docteurs – épingler est si facile : ce qui motive l'écriture d'un livre, c'est plutôt d'entraîner le lecteur dans une évocation des illusions et des erreurs, et parfois des vérités imprévues, pour le plaisir de parler une fois de plus de nos savoirs relatifs, tout en composant une fable. L'élaboration des savoirs, des certitudes individuelles ou communes, des connivences, des évidences d'époques, voilà qui est fascinant, voilà ce que beaucoup de romans ou de pièces de théâtre rêvent de mettre en scène – par-dessus tout, nos postulats sont des animalcules passionnants : chercher à en parler donne le vertige. Quand je me souviens des erreurs de Goethe concernant la théorie des couleurs, des bricolages théoriques désobligeants de Lavater, de la démonstration désespérée du pseudo Guevara, ou quand j'évoque la véridique histoire de la chute des corps, je ne tiens pas en premier lieu à me moquer des maîtres bouffons, dans un style rabelaisien – j'aurais l'air d'être, à moi tout seul, les deux retraités dans la loge du Muppet Show. Je prends surtout plaisir à voir comment notre pensée fonctionne, et je cherche l'endroit où la pensée positive construit par erreur de la fable – comme certains de mes confrères, je suis un chiffonnier, dès qu'un petit bout de fiction dépasse d'un livre théorique, je le tire à moi.

Mais de fait (c'est une fatalité, inutile d'y chercher des raisons), l'acquisition du savoir est pour moi une activité tenant du bricolage charlatan ; sa transmission n'est pas une évidence ; les figures de l'hérésiarque, du mécréant, du griveleur, du chimiste amateur et du faux diplômé me sont sympathiques. L'idéal démocratique pourrait se ressourcer auprès de ces figures de l'hérésiarque et du griveleur ; je le reconnais en tout cas dans ce désir de chaparder en toute impunité – et le savoir, parce qu'il est disponible, est une des rares choses à se laisser chaparder. Jean-Paul Richter pourrait devenir le saint patron laïc des autodidactes, lui qui prétendait vivre entouré de quarante bibliothèques toutes entièrement écrites de sa main, et qui a inventé avant Borges le personnage du professeur Maria Wutz auteur de tous les livres du répertoire (voilà une façon de s'approprier les œuvres sur un mode démocratique et mégalomane à la fois). On trouve chez Jean-Paul certaines des caractéristiques du mode de pensée autodidacte : cette façon d'évoquer sans cesse, de penser toujours à autre chose, de penser en diagonale, de s'autoriser les analogies les plus distendues. La déhiérarchisation dont on parle est peut-être tout simplement cette pensée en diagonale – par ailleurs, la littérature, je veux dire le roman-cochon farci, convient parfaitement à un caractère autodidacte : cette façon de se mêler de tout.

Oui, il faut voir la démocratie dans les livres, comme on peut la voir à l'œuvre dans les bibliothèques, et sans doute dans bon nombre de ces établissements où je n'ai pas pu mettre les pieds ; elle est dans la scandaleuse gratuité du Collège de France, dans quelques autres gratuités qui deviendront bien vite à leur tour scandaleuses. (Il est normal qu'à l'heure où des pilons détruisent ces machines démocratiques, les notables s'empêtrent dans des formes cérémonielles de plus en plus pompeuses, verbeuses et vaines censées contenir l'entièreté du principe démocratique – mais ceci est une autre histoire). Bien sûr, le livre n'est pas angélique, ni la bibliothèque, ni les librairies, ni les institutions – pour donner un seul exemple, il est profondément navrant de voir s'empiler sur les tables les œuvres enclumes de Martin Heidegger quand il faut chercher avec les ongles, dans un coin, un ou deux livres de Hans Blumenberg (encore lui), abîmés, en solde. Quelqu'un, un jour, a décidé que le philosophe avec un H aspiré était le plus grand du siècle – je ne sais pas qui ; quelqu'un d'autre le sait peut-être ; le savoir nous délivrerait du sortilège.

A.C. et L.D. : Cela nous conduit naturellement pour finir à t'interroger sur la figure de l'auteur que dessinent en creux chacun de tes livres, depuis sa mise en pièces dans l'inaugural *Veuves au maquillage.* Le chapitre 37 des *Aventures de Percival*, qui passe en revue les différentes vertus de l'épouillage se clôt sur celle-ci : « Et l'épouillage pour finir, l'épouillage est l'épouillage lui-même, histoire de faire au plus simple : l'expression la plus évidente pour un singe du désir de chercher, sans forcément en attendre la gratification, la découverte, mais se perdre dans cette recherche, s'oublier ce faisant, trouver un peu de repos dans cet oubli de soi – investir un microcosme, y trouver une forme de bienvenue, l'habiter minusculement [...] c'est ne jamais cesser de vouloir s'accomplir, au lieu de se contenter d'être, et d'exister comme on s'assoit sur un tabouret ». Pour terminer sur une note incongrue, faut-il voir dans l'épouillage une métaphore de ta posture d'écriture ?

P.S. : Il y avait sans doute dans *Veuves au maquillage* le désir de se moquer, en passant, de l'auteur, ou, pour reprendre votre formule, de la « figure de l'auteur » – formule plus juste parce que cette figure, à laquelle il est parfois difficile d'échapper, peut évoquer soit une galerie de héros portraiturés par eux-mêmes, soit une brochette de personnages de fiction. La plupart du temps, on pourrait servir aux écrivains la tirade de Dino Risi adressée à Nanni Moretti : écarte-toi, tu nous empêches de voir ton film – *Veuves au maquillage* espérait, toujours en passant, mettre en scène l'auteur comme personnage de fiction et même le faire disparaître pour de bon, pour en finir avec le culte du héros. Pour le reste, je ne suis pas toujours sûr d'avoir une posture d'écriture bien définie ; s'il y en avait une, elle serait (au risque de me répéter) le souci d'inclure l'auteur dans la fiction, non pas pour voir l'emprise de l'auteur dans la fiction (ni même sa présence discrète et ostentatoire à la Alfred Hitchcock), mais bien l'emprise de la fiction sur l'auteur. Un syndrome quichottien, ou quelque chose d'approchant : l'intuition qu'une part de notre salut peut se trouver dans le mensonge de la littérature, mensonge hospitalier et omnivore.

Je n'avais pas imaginé ce chapitre 37 comme une métaphore de la posture d'écriture, même s'il est abondamment question d'écriture et de posture dans l'ensemble du livre. De cette histoire d'épouillage, je retiens l'oubli de soi : je n'en ferais pas une théorie littéraire, on peut considérer bon nombre de livres comme un souvenir de soi ou une anatomie de soi, mais je pense également que la littérature peut permettre l'oubli, l'évitement de soi, et la trahison, même. L'étude de la trahison si souvent mise en scène chez William Shakespeare nous donne des leçons d'écriture. Sans nécessairement parler à nouveau d'usurpateurs et de masques, le fait que, chez Shakespeare, certains personnages se différencient d'eux-mêmes nous rappelle à quel point l'écriture est aussi une histoire d'altération. La tautologie n'est pas dans sa nature ; si les analogies sont parfois trompeuses, imparfaites, il faut y voir une preuve de vitalité. Merab Mamardachvili rappelle que le temps est ce qui permet de nous distinguer de nous-même ; la prose narrative y parvient assez bien.

(À propos d'épouillage : si je me souviens bien, il y est aussi question de savoir ce qui distingue le pou de celui qui s'épouille : ah, bonne question, dirait Hamlet.)

UTOPIE – COMMENTAIRES SUR LES CHEMINS DE RONDE (EXTRAIT)

Avant-propos

Sous une pile de linges, des chercheurs ont retrouvé, il n'y a pas longtemps, un exemplaire défraîchi de l'*Utopie* de Thomas More : le second livre, pour être précis. Assez vieux pour intéresser un bouquiniste, peut-être, mais entièrement couvert dans les marges de notes à l'encre violette qui lui font perdre toute valeur marchande (c'est en tout cas l'avis des spécialistes). À mieux regarder, ces notes violettes se sont révélées plus intéressantes qu'on ne pensait – aussi, réflexion faite, nous avons choisi de présenter au public curieux le texte en l'état : à savoir la description de l'île d'Utopie telle que Thomas More nous l'a rapportée, accompagnée des commentaires d'un habitant des lieux. C'est l'occasion sans doute de comparer la version officielle, connue depuis 1516, au témoignage direct d'un authentique Utopien. Au lecteur d'accorder sa confiance à l'un plutôt qu'à l'autre, selon ses penchants.

L'île d'Utopie s'étend sur deux cents milles dans sa plus grande largeur, située vers sa partie médiane ; elle conserve cette étendue sur un assez long espace de terrain, ensuite sa largeur diminue insensiblement, et les extrémités de l'île se terminent en pointes, de sorte qu'à son entrée elle présente la forme d'un croissant régulier de cinq cents milles de circuit[1].

1 - Qui se souvient du nom de l'hérésiarque Basilide ? (perdu au large, vers l'océan, via un réseau de tuyaux né de l'ingéniosité locale) – qui se souvient du nom de notre péninsule ? (*Abraxas* : c'était aussi celui d'un demi-dieu célébré par la Gnose, et certains d'entre nous aujourd'hui encore, malgré une foi officielle démarquée des flonflons de Rome ou de la morgue de Londres, entretiennent en douce le culte des trois cent soixante-cinq ciels). Personne ou presque ne prononce cet *Utopie*, sinon lors des discours, régulièrement martelés comme un glas – joie collective, esprit de corps : *dong, dong* – personne ne fait fuser cet *u* au bout des lèvres ; personne dans les rues, les champs, ne s'interpelle, *ô Utopien*, comme paraît-il le *Salut citoyen* dans les rues de la Terreur (prononcé trop tard par des têtes qui roulent). On dira plus volontiers : *l'île*, tout

simplement, *chez nous*, par habitude, lassitude, *ici* par résignation et parce qu'il n'y a pas de vérité géographique plus exacte (ici : 20° 31' S, 29° 20' O). Les plus vieux persistent à dire Abraxas, pour épanouir leur bouche, leur cœur et leurs souvenirs ; certains curieux furtifs, qui chapardent du temps libre dans les bibliothèques, en passant par derrière (peu nombreux : je ne compte que sur moi), s'en tiennent aussi à cette formule – elle conjure nos malheurs – mais découvrent deux ou trois autres noms portés par ce pays au cours de son histoire (oui, notre Utopie figée dans le temps connaît aussi ses décadences et ses essors, son devenir) : Anostus, Chaneph, Glubbdubdrib.

2 - Une poignée d'hommes veille la nuit sur le dos rond de notre île (un croissant, un arc – aux pointes : quelques phares devenus bals clandestins – sur son diamètre extérieur : un petit bastion inutile où les guetteurs profitent d'un moment de calme) ; à la vérité, on ne veille pas grand-chose, si ce n'est la course des étoiles : un observatoire camouflé, traversant le toit fendu de la casemate, nous permet d'assister des heures durant, dans le mutisme bienheureux des hommes sans armes, au déploiement des nébuleuses (le télescope de fortune amené par pièces détachées :

La distance d'un cap à l'autre est d'environ onze milles ; un bras de mer s'étend à l'abri des vents entre les deux promontoires, aussi n'est-il sujet à aucune de ces tempêtes qui se font sentir dans les alentours. L'embouchure du détroit est cependant garnie de bancs de sable sur un bord, d'écueils sur un autre ; vers le milieu se dresse un rocher facilement repérable, sur lequel on a construit un fort pour défendre le passage. Il est impossible pour un

miroir et lentilles empruntaient les mêmes chemins de traverse). Sinon l'amitié des étoiles, celle de l'alcool, mais bu avec lenteur, sans furie, et ne donnant pas lieu à des hurlements de cosaques ou, toujours cosaques, des pétrissements de livres de chair : mais à des conversations distillées, alambiquées, en ébullition, évaporées, suscitées autant par le vin que par sa fabrication (l'artisanat de la mystique) – faisant naître par bouffées une métaphysique à la Omar Khayyâm : une lucidité de créatures inquiètes, sûres de cette inquiétude. Parfois, tout de même, des demoiselles : elles prennent part avec le même enthousiasme à la cosmographie, aux nébuleuses, à la Voie Lactée, à la distillation, puis on tire le rideau sur des enchevêtrements de paroles et de jambes ; vient le moment où l'astronome, qui connaît pourtant la nuit, voit ou croit voir se déployer au-dessus de ses yeux, pile au-dessus, une voûte étoilée dans laquelle il ne reconnaît ni l'Oiseau de Paradis, ni la Petite Ourse : autre chose, peut-être, qu'il déchiffrera le lendemain, à l'aide d'une règle à calculer. Pendant ce temps (alcoolémie, astronomie, demoiselles), les côtes sont livrées aux prédateurs, à l'ennemi, aux barbares venus du large : qu'ils débarquent, qu'ils débarquent. (Débarquez donc.)

étranger de s'aventurer dans le port, à moins de s'aider d'un pilote, et de suivre en tout point les détours que seuls les habitants connaissent. Eux-mêmes risqueraient le naufrage s'il ne suivaient les signaux qui leur indiquent la bonne route. De l'autre côté de l'île se trouvent plusieurs criques bien abritées ; mais la nature, ou l'art, ont rendu tout débarquement si difficile à cet endroit qu'une poignée d'hommes serait en état de tenir en respect une armée formidable[2].

Suivant les différentes légendes des Utopiens, et même à en juger par la situation de cette terre, on apprend qu'autrefois elle ne formait point une île. Utopus, qui en fit la conquête, au lieu du nom d'Abraxas qu'elle portait, lui donna le sien[3]. C'est cet Utopus qui porta tout un peuple ignorant et rustique au sommet de la culture, et leur donna cette forme de gouvernement si supérieur à tous ceux

3 - Une série de baptêmes et de rebaptêmes censés nous faire oublier que l'île, hier, était un bras de terre étendu au large, comme une main de plaisancier trempée dans l'eau pour se rafraîchir – nous faire oublier par la même occasion que ses premiers colons, avant nous autres, simples fermiers, cultivaient la Gnose et ne connaissaient aucune limite à leur ivresse littéraire (les livres de Valentin et Carpocrate : ils existent encore, sous nos pieds). Longtemps avant l'Utopie grégaire et agraire, c'était l'île Abraxas, inspirée par Basilide ; puis on a vu un convoi carnavalesque de fous descendre d'une nef (c'est ce que dit la légende). Plus tard encore : un peuple de joyeux compagnons, d'illustres buveurs, pécheurs péchant, charretiers jurant, bouilleurs de cru se piquant de tirer leur vin d'un tas de pierre (bâton de Moïse ? savoir-faire : science), fausses matrones et faux médecins accourus la veille des noces pour assister à l'examen prénuptial – enfin, pendus aux cordes, de gros et gras sonneurs de cloches dont on pouvait voir le battant. C'était le temps des descendants de Chalbroth, Sarabroth et Faribroth, prenant place sur le trône, le temps des rois joyeux (paraît-il) comme des polichinelles. Puis : cet Utopus a débarqué, plus ou moins héroïque, plus ou moins victorieux, sur d'autres mers ; venu avec son sabre

trancher la dernière digue faisant de notre île une péninsule (des travaux de terrassement, sur plusieurs mois, toute la nation sécessionniste engagée sur le chantier, coude à coude, manche de pelle ou de pioche en main). La nuit, certains esprits têtus ramenaient, dit-on, pierre sur pierre : une digue maintenue comme ci comme ça, un remblai mal consolidé jusqu'à la rive, le continent : par principe peut-être, par nostalgie, enfin par crainte de voir notre croissant de terre, une fois les amarres coupées, dériver selon les courants (ici, péremptoires) à la façon d'une boîte de bonbons anglais dans laquelle tout un peuple empapilloté aurait pris place.

qui nous sont connus[4]. Ce conquérant, s'étant rendu maître sans coup férir ou presque de toute la contrée, fit aussitôt couper une langue de terre de quinze milles qui rattachait cette péninsule au continent. Il employa ses propres soldats conjointement aux habitants, afin de ne pas leur donner l'impression humiliante d'être réduits en esclavage. L'entreprise fût menée avec tant d'ardeur qu'elle s'acheva en un temps très court ; et les peuples voisins, qui la traitaient d'abord d'extravagante, furent frappés d'admiration, et même de terreur.

4 - Utopus ? un mercenaire à la Hamilcar, devenu chef de section, puis de patrouille, puis de légion, puis d'une population entière, autoproclamé maître de la péninsule à l'instant où le bec de sa barque a entamé le sable de la rive : une première entaille (un peu plus loin, une sorte de pavillon noir planté d'un coup sec dans le sable, et les indigènes embrassés sans ménage – comme embrasse un conquistador).

Pierre SENGES

POSTFACE

Pensée réjouissante : les ouvrages de Pierre Senges furent l'objet d'une journée d'étude organisée à quelques mètres du Panthéon par la Sorbonne Nouvelle, l'École Normale Supérieure et le Collège Militaire Royal du Canada, des institutions qui ne sont pas spécialement réputées pour plaisanter avec le savoir, l'exigence disciplinaire ou l'autorité de la parole transmise. C'est sans doute qu'il existe, avec des foyers de recherche trop soucieux de questionnement pour s'accommoder de pesanteurs académiques, des plaisanteries littéraires trop sérieuses pour être prises à la légère. Loin du battage médiatique, l'œuvre récente de Pierre Senges s'est imposée dans le domaine de la création romanesque comme l'un des repères littéraires marquants de la première décennie du XXIe siècle. Cette journée d'étude et le livre qui en résulte l'attestent, sans préjuger de ses lendemains, depuis un angle d'approche qui lui fait justice en maniant avec doigté la polysémie et le paradoxe, l'invention érudite. Si chaque article met en évidence les caractéristiques propres aux différents récits de l'écrivain, aidant à les penser en termes d'œuvre, tous suggèrent comment celle-ci s'inscrit dans une histoire des relations sous tension nouées entre la fiction romanesque et l'érudition. Ouvrons alors la perspective, histoire ne pas refermer mais simplement replier ce livre, première étude critique collective qui soit dédiée à l'œuvre en question.

Au prix de quelles métamorphoses, de quels coups d'éclat, le moins accompli, le plus plébéien des genres, avec ses gros sabots de parvenu et sa plume crasseuse mal trempée à l'eau des caniveaux, peut-il devenir le médiateur d'un rapport affiné à la connaissance, d'une érudition qui se pose comme fine fleur de serre de l'esprit ? Comment le *rudis* – le sauvage à l'état brut – prend-il la forme, sinon la place, de l'*erudis* – le plus sophistiqué parmi les plus cultivés, littéralement le mieux « dégrossi » d'entre eux ? C'est depuis ce paradoxe qu'une histoire du roman d'érudition échelonnée sur plusieurs siècles se concentre et se déploie, se transmet et se déplace dans les romans de Pierre Senges. Le spectre est large, depuis la fascination d'un savoir-modèle que des romans à la Kepler, épris du modèle scientifique, se fixent pour objectif de diffuser, inventant par là même l'idée de science-fiction, jusqu'à la caricature d'une prétention au savoir que la veine des antiromans entend dégonfler à partir de Cyrano de Bergerac. Au gré de sa propre histoire, le genre romanesque, récupérant sous couvert de fiction ce que la littérature, foyer de toutes les connaissances, abandonnait sous la pression de disciplines culturelles concurrentes, s'est enrichi d'hybrides mi fictionnels mi philologiques. Ainsi du roman historique, compilant le discours savant pour reconstituer en un style *revival* douteux telle période du passé, ou du roman d'anticipation, inventant un avenir plus vrai que nature, donc complètement improbable. De Pierre Benoît à Christian Jacques, le roman érudit cautionne volontiers un discours académique, perpétuant des modes de fiction à l'ancienne et un rapport pétrifié à l'imaginaire. Mais de Raymond Roussel à Éric Chevillard, il engage aussi une relation iconoclaste à la connaissance, déconstruisant la belle image du pédant et la sacro-sainte autorité du clerc au profit de celle de l'expérimentateur de formes-sens. Entre ces extrêmes, de Julien Gracq à Philippe Sollers, l'œuvre appelle des rêveries sensibles sur les lieux et les objets, les livres et les idées qui polarisent l'idée aiguë de connaissance. Des œuvres exigeantes se composent, loin du scolastisme comme du dilettantisme, dans le lien délicat qui unit à des fins spéculatives l'art de la fiction et la maîtrise des savoirs. Ainsi les romans et pièces de théâtre de Marguerite Yourcenar, soutenus par ses essais et sa correspondance, font-il de l'érudition un combustible romanesque, qui permet de tenir à distance l'actualité pour penser l'histoire, et une énergie éthique, qui rend possible une vision de surplomb à finalité universaliste. Empruntant aux cultures occidentales comme aux civilisations orientales, amie d'Apollon autant que de Bouddha, la femme de Lettres s'affirme comme conscience visionnaire, s'assurant par là quelque posture d'autorité lévitante.

Il n'en va plus de même dans les œuvres romanesques des écrivains qui endossent le costume du lettré à la fin des années 1970, Pascal Quignard ou Pierre Michon, Alain Nadaud ou Gérard Macé. L'érudit noie volontiers sa superbe dans une mélancolie entretenue par le sentiment que la diffraction des savoirs entraîne la déflation de toute maîtrise d'ensemble. Ce que donnent à lire les récits de Michon, comme à leur façon les textes de Quignard, c'est l'atomisation des différents systèmes de connaissance et leur nivellement, leur retour à l'état de matière brute agrégée en des foyers épars. C'est aussi le sursaut en retour face à l'inintelligibilité qui en résulte et le texte qui s'écrit depuis ce sursaut, la recherche d'une mise en perspective intellectuelle, d'une coloration symbolique que seule une voix singulière d'auteur peut conférer aux éléments de cette érudition flottante. La fiction est cette voix, au prix d'un arbitraire assumé par l'emphase ou l'ironie, à rebours du fantasme de la savante objectivité. Toute érudition est une extrapolation, un détail qui fait somme, un point qui fait système, de l'absolu en germe.

L'esprit d'érudition représente-t-il alors un idéal de connaissance par lequel une civilisation s'accomplit en détaillant son rapport au savoir ou une altération maniaque de l'esprit de connaissance par laquelle elle se pervertit ? En écho à cette alternative, c'est, entre jeu savant et variation formelle, une autre tradition de la fiction érudite que plusieurs écrivains revivifient : le roman-curiosité, le roman-monstre, celui qui amplifie à même sa conception la propension fétichiste, voire l'inflexion clinique, latentes dans toute attitude érudite. L'œuvre d'Éric Chevillard en constitue l'exemple-type et à sa suite, dans un registre de fantaisie épistémologique et de prospection critique qui lui est propre, celle de Pierre Senges, comme cet ouvrage le montre. Ces écrivains sont les contemporains d'un monde dans lequel le statut culturel de l'érudition se transforme, ses supports traditionnels se modifiant avec le développement des technologies cybernétiques. Le temps long de l'érudition passionnée cèderait-il la place à l'espace instantané des réseaux d'informations, comme le fétiche paradigmatique de la Culture à la flèche syntagmatique de la connaissance fonctionnelle ? Question ouverte. La folie érudite, quant à elle, semble trouver refuge dans la fiction romanesque à une époque où la figure de l'expert, portant une évaluation au nom d'un savoir spécifique qu'il contrôle à des fins d'applications pratiques, se substitue à celle de l'érudit, dominant un champ de connaissances sans finalité autre que cette pulsion de domination sans fin.

De l'érudition humaniste, les livres de Pierre Senges constitue le tombeau romanesque mais aussi autant de petits Lazare, de Lazarillo s'en échappant et faisant de leurs cendres la matière d'un maquillage factieux. Avec eux se multiplient les figures d'une érudition spectrale qui, d'un même tournemain, offre en spectacle les circonstances de son évanescence et les conditions de sa résurrection. Corps découpé en multiples miniatures amoureuses ; plantes échappées des lieux qui les concentrent et objets qui les cultivent, cadastres, herbiers, encyclopédies, cabinets d'amateur proliférant jusqu'à recouvrir la société parasite des hommes ; ébauches de récits littéraires tronqués, réduits à leur seul incipit auquel sont greffés comme à des têtes immobiles des corps narratifs de substitution, des prothèses en retour du temps, histoire de voir comment, au terme de manipulations aléatoires, ils peuvent encore marcher ; controverse sur l'existence d'un continent réel que l'argumentation raye de la carte ; histoire à épisodes d'un ouvrage fictif conçu sur la base d'aphorismes avérés dont il s'agit de montrer, la culture ayant horreur du vide, qu'ils seraient ses fragments, ses pièces détachées, et non des lapidaires, concentrant en eux seuls une pensée laconique dans une forme-express… Issus des greniers de la bibliothèque, des simulacres d'érudition trouvent ainsi en la fiction des corps d'accueil provisoires qui viennent hanter nos imaginaires recrus d'images brutes, bleuis d'ecchymoses médiatiques, les ramenant à la puissance médiumnique des mots, des récits, des plasticités polymorphes de la langue, des potentialités romanesques de tout système de connaissance, pour peu qu'on sache en détailler la fabrique dans le vertige du rire.

Bruno Blanckeman
Université Paris III –
Sorbonne Nouvelle

INDEX DES NOMS PROPRES

RÉSUMÉS
ET PRÉSENTATION DES AUTEURS

Fabien GRIS, « La chute était leur trajectoire. Erreurs et échecs chez Pierre Senges »

Fabien Gris, ancien élève de l'ENS de Lyon et agrégé de lettres modernes, est maître de conférences à Sorbonne université et membre du CELLF. Il a soutenu une thèse sur l'imaginaire cinématographique du récit français contemporain, de la fin des années 1970 à nos jours, sur un corpus d'une trentaine d'écrivains. Il travaille sur la littérature française contemporaine et notamment sur ses relations avec les images.

Dans *Essais fragiles d'aplomb* et *Environs et mesures*, Pierre Senges édifie des encyclopédies loufoques et renversées. Il joue avec les formes traditionnelles de l'érudition positive et trouble notre vision triomphale des savoirs. Ces œuvres prennent même une discrète dimension moraliste : elles peignent l'homme en créature orgueilleuse mais faillible et affirment la nécessité de l'erreur. Elles invitent le lecteur, par l'humour, à reconnaître ses limites et à pratiquer une sagesse « médiocre ».

In Essais fragiles d'aplomb *and* Environs et mesures, *Pierre Senges constructs eccentric and inverted encyclopedias. He plays with the traditional forms of positive erudition and disturbs our triumphant view of knowledge. These works even contain a discreetly moralist dimension: They portray humans as proud but fallible creatures and confirm the need for error. Through humor, they invite readers to recognize their limitations and engage in "mediocre" wisdom.*

Aurélie ADLER, « La voix polémique du faussaire dans *Fragments de Lichtenberg* »

Aurélie Adler est maître de conférences à l'université de Picardie Jules-Verne. Elle a publié *Éclats des vies muettes…* (Paris, 2012) et codirigé avec Maryline Heck le volume collectif *Écrire le travail au XXIe siècle. Quelles implications politiques ?* (Paris, 2016) et dirigé le volume collectif *Arno Bertina* (Garnier, 2018).

L'œuvre de Pierre Senges rejoue et dissémine les motifs de la falsification à l'origine de la fiction. *Fragments de Lichtenberg* voit proliférer les figures de faussaire, les hypothèses douteuses et les reconstitutions apocryphes qui mettent en crise l'autorité du savoir et le partage des genres. Accumulant les trompe-l'œil et les réécritures hasardeuses, la voix du narrateur ne discourt jamais mais plaide en faveur de l'inachèvement, défendant une écriture et une éthique de la circonspection.

The work of Pierre Senges replays and disseminates the motifs of falsification at the origins of fiction. Fragments de Lichtenberg *is full of figures of the falsifier, shady hypotheses, and apocryphal reconstitutions that place the authority of knowledge and the division of genres in crisis. With abundant illusions and daring rewritings, the voice of the narrator never pontificates but argues in favor of the unfinished, defending a writing and an ethics of circumspection.*

Mathilde BARRABAND, « Dans la bibliothèque, avec une clé anglaise. Enquête policière et enquête érudite dans l'œuvre de Pierre Senges »

Mathilde Barraband, professeure agrégée à l'université du Québec à Trois-Rivières, codirige la revue *Tangence.* Membre du conseil de l'Association internationale des études françaises et du Centre de recherche Figura sur le texte et l'imaginaire, elle étudie l'histoire littéraire du contemporain, la réception du corpus contemporain par l'université et les procès littéraires contemporains en France et au Québec.

Le roman policier fournit à l'œuvre de Pierre Senges un joyeux personnel et même une matrice. Suivant les pistes proposées par Jacques Dubois, l'article montre que l'indicialité, qui offre le monde à la description et au commentaire, la figure de l'enquêteur-lecteur, qui fait de l'enquête une fin en soi, ainsi que la modalité de la lutte, qui oppose coupable et détective ou encore auteur et philologue, font apparaître quelques-unes des lignes de sens de l'œuvre, notamment dans son rapport à l'érudition.

Detective novels give the work of Pierre Senges its own playfulness and even a matrix. Following the paths suggested by Jacques Dubois, the article shows how indiciality, which offers the world for description and commentary, the figure of the investigator-reader, who makes the invenstigation an end in itself, as well as the modality of struggle, opposing the guilty party and the detective or even author and philologist, reveal some of the strands of meaning of the work, especially in its relationship to erudition.

Anne ROCHE, « Variations contraintes »

Anne Roche, ancienne élève de l'ENS, est agrégée de lettres classiques, docteur d'État (université Paris 8 – Vincennes – Saint-Denis), professeur émérite à Aix-Marseille Université. Elle est l'auteur d'ouvrages de critique et théorie littéraire (sur les années trente, l'histoire orale, l'extrême contemporain), de romans, de pièces de théâtre, et de nombreux articles notamment sur la littérature du Maghreb. Prix de l'essai européen Walter Benjamin 2018.

À partir de *Sort l'assassin, entre le spectre*, l'article tente d'établir un usage plus précis de la notion de variation, telle qu'elle existe en musique et telle qu'on peut la retrouver dans un texte (renversement, altération, répétition, expansion, transtylisation, digression…) et de l'articuler sur un usage de la notion de contrainte, différente de l'usage oulipien. L'entrechoquement des variations induit un questionnement salutaire sur ce qu'il en est de la vérité.

Starting with Sort l'assassin, entre le spectre, *the article attempts to establish a more precise use of the notion of variation as it exists in music and as it can be found in a text (reversal, alteration, repetition, expansion, transtylization, digression, and so on) and to connect it to a use of the notion of constraint that is different from OULIPO's. The shock between variations leads to a salutary questioning of the relationship to truth.*

Anne SENNHAUSER, « Les miroitements du vestige. Décomposition et recomposition romanesque dans *Fragments de Lichtenberg* »

Anne Sennhauser est ancienne élève de l'ENS de Lyon et agrégée de lettres modernes. Elle enseigne actuellement dans le secondaire. Elle travaille sur la littérature française contemporaine et est l'auteur d'une thèse, soutenue en 2014, intitulée « Devenirs du romanesque : les *écritures* aventureuses de Jean Echenoz, Jean Rolin et Patrick Deville ».

Dans les *Fragments de Lichtenberg*, Pierre Senges fait d'un projet encyclopédique – le remembrement d'un roman imaginaire à partir des aphorismes qui en seraient les vestiges – un moteur d'invention romanesque. Le fragment, pris entre recomposition et décomposition, n'a de cesse de relancer une rêverie jubilatoire qui possède sa propre sagesse : éloge de la raison fabulante, hommage au mensonge et au doute, elle permet de mettre en doute l'élaboration des savoirs et l'orthodoxie du sens.

In the Fragments de Lichtenberg, *Pierre Senges engages in an encyclopedic project—the regrouping of an imaginary novel from aphorisms that are supposedly its vestiges—an engine of fictional invention. The fragment, caught between recomposition and decomposition, continuously rekindles a jubilatory dream that holds its own wisdom: a praise of fabricating reason, an homage to lies and doubt, it allows doubts to be raised about the development of knowledge and the orthodoxy of meaning.*

Audrey CAMUS, « *L'Utopie* revisitée. L'œuvre-parergon de Pierre Senges »

Audrey Camus, docteure de l'université Sorbonne nouvelle – Paris 3, est spécialiste de la littérature française des XXe et XXIe siècles, qu'elle a longtemps enseignée. Elle s'intéresse en particulier aux textes atopiques et à la relation qu'ils entretiennent avec les siècles précédents. Elle a dirigé plusieurs collectifs et publié de nombreux articles traitant de ces questions.

À travers une étude des *Commentaires sur les chemins de ronde*, qui donnent à lire les réactions d'un « authentique Utopien » au texte de Thomas More, l'article se propose d'expliciter la manière dont s'élabore l'œuvre-parergon de Pierre Senges, qui toujours tire sa substance d'autres œuvres mais, loin de les détruire, relance ainsi le texte revisité pour faire de cette pratique le lieu de l'utopie.

Through a study of the Commentaires sur les chemins de ronde*, which offers the reactions of an "authentic Utopian" to Thomas More's text, the article proposes to explain the way in which the paragon-work of Pierre Senges, which always takes its substance from other works, revives the revisited text instead of destroying it, making this practice into the place of utopia.*

Hugues MARCHAL, « La carence et l'excès. Information et lacune dans *Les Aventures de Percival* »

Hugues Marchal est membre honoraire de l'Institut universitaire de France et professeur de littérature française moderne et contemporaine à l'université de Bâle. Ses travaux privilégient la poétique, les relations entre lettres et sciences et l'écriture du corps. Il a notamment dirigé l'anthologie *Muses et ptérodactyles. La poésie de la science de Chénier à Rimbaud* (Paris, 2013).

Une tension paradoxale commande la création de Pierre Senges. Elle oppose une passion de réduction et de condensation à un travail inverse de comblement par saturation, où l'érudition s'allie à la fantaisie pour fournir la matière et le modèle d'une prolifération des éléments les plus ténus. C'est cette dynamique qu'on étudie dans *Les Aventures de Percival*, « conte phylogénétique » publié en 2009, pour montrer que l'explosion ostentatoire des savoirs y reconduit à une méditation sur leur vanité.

A paradoxical tension governs the creative process of Pierre Senges. It opposes a passion for reduction and condensation with a countervailing work of filling through saturation, where erudition is allied with fantasy to provide the material and the model of a proliferation of the most tenuous elements. This dynamic is studied in Les Aventures de Percival, *a "phylogenetic tale" published in 2009, to show how the ostentatious explosion of knowledge leads to a meditation on its vanity.*

Laurent DEMANZE, « Suites et poursuites. Une "écriture d'ébauches, de projets et de variations" »

Laurent Demanze est professeur de littérature contemporaine à l'université Grenoble Alpes. Il dirige la série « Écritures contemporaines ». Ses recherches portent sur le dialogue de la littérature contemporaine avec les savoirs. Il a publié *Encres orphelines* (Paris, 2008), *Gérard Macé : L'Invention de la mémoire* (Paris, 2009) et *Les Fictions encyclopédiques de Gustave Flaubert à Pierre Senges* (Paris, 2015).

Cette étude s'attache à analyser la poétique de reprise et de variation dans l'œuvre de Pierre Senges. Son dernier roman, *Achab (séquelles)* (Paris, 2015), en offre un emblème saisissant. Non seulement parce qu'il s'agit de prolonger le roman de Melville, en expérimentant les possibles d'un personnage. Mais surtout parce que le romancier fait de la variation le mouvement même des formes et des motifs, qui traverse les arts et conduit ici de la littérature au cinéma.

This study focuses on analyzing the poetics of repetition and variation in the work of Pierre Senges of which his last novel, Achab (séquelles) *(Paris, 2015), provides a captivating symbol. Not only because it aims to continue Melville's novel by experimenting with the possibilities of a character, but especially because the novelist makes variation the very movement of forms and motifs, crossing through the arts and leading here from literature to film.*

Emmanuel BOUJU, « *Consistency*. Pierre Senges ou l'esprit de suite. Un sixième *Memorandum* pour l'actuel millénaire »

Emmanuel Bouju est professeur de littérature générale et comparée à l'université de la Sorbonne Nouvelle et membre senior de l'Institut universitaire de France. Il exerce la responsabilité des activités et des publications du *Groupe phi* et codirige la collection « Littérature histoire politique ». Il a publié *Fragments d'un discours théorique. Nouveaux éléments de lexique littéraire* (Nantes, 2015).

Sachant la propension de Pierre Senges à s'inscrire dans l'œuvre inachevée ou même non écrite, ne cherche-t-il pas à donner sens à cette valeur mystérieuse que Calvino avait annoncée pour le nouveau millénaire, celle de la *Consistency* ? C'est ce que cet article essaie de montrer par l'exemple de quatre de ses textes et en quatre temps – fondés sur les équivalents possibles en français de *consistency* : cohésion, cohérence, consistance et constance.

Knowing Pierre Senges' propensity for including himself into incomplete or even unwritten works, isn't he seeking to give meaning to the mysterious value that Calvino announced for the new millennium, the value of *Consistency* ? This is what the article tries to show using four of his texts as examples in a fourfold approach based on the possible French equivalents for "consistency" : *cohésion* (cohesion), *cohérence* (coherence), *consistance* (consistence), and *constance* (constancy).

Pierre SENGES, « *Utopie – Commentaires sur les chemins de ronde* (extrait) »

Pierre Senges est l'auteur de nombreux ouvrages récompensés, notamment *Fragments de Lichtenberg* (Paris, 2008), *Études de silhouettes* (Paris, 2010) et *Achab (séquelles)* (Paris, 2015, Prix Wepler). Il a également publié l'essai *L'Idiot et les Hommes de paroles* (Paris, 2004) et écrit un livre illustré par Nicolas de Crécy : *Carnets de Gordon McGuffin* (Paris, 2009. Il a été pensionnaire de la Villa Médicis en 2013-2014.

Ces commentaires enserrent le texte de Thomas More sur la page comme d'envahissantes gloses talmudiques, pour évoquer le dessin d'un chemin de ronde autour d'une cité, ou l'encerclement d'une ville au cours d'un siège. Ils contredisent les assertions de *L'Utopie*, expliquent comment ses lois sont elles-mêmes contournées par l'usage ou la fraude et racontent une utopie de fortune bricolée autour de l'utopie. Il s'agit aussi de faire d'une forme savante le véhicule d'un récit aussi romanesque que possible.

These commentaries envelop the text of Thomas More on the page like invasive talmudic glosses, reminiscent of the path of a rampart around a city, or the encircling of a town under siege. They contradict the assertions of Utopia, *explain how its laws are undone by use or fraud and tell the story of a makeshift utopia cobbled together around utopia. It also aims to make an academic form into the vehicle of a narrative that is as fictional as possible.*

Bruno BLANCKEMAN, « Postface »

Bruno Blanckeman est professeur de littérature des XXe et XXIe siècles à l'université Sorbonne nouvelle – Paris 3. Auteur de plusieurs essais dont *Les Récits Indécidables*

(Villeneuve d'Ascq, 2000), *Lire Modiano* (Paris, 2009), *Le Roman depuis la Révolution française* (Paris, 2011), il a aussi dirigé des collectifs dont *Annie Ernaux, le Temps et la Mémoire*, en collaboration avec F. Best, F. Dugast et A. Ernaux, et le *Dictionnaire Marguerite Yourcenar* (Paris, 2017).

Dans cet article, Bruno Blanckeman remet en perspective l'œuvre de Pierre Senges dans les devenirs de l'érudition au XXe siècle. Il montre notamment qu'à l'érudition exhibée et volontiers mélancolique de Pascal Quignard et Pierre Michon, succède ici un rapport au savoir ironique et ludique. L'érudition fonctionne moins dans l'œuvre de Pierre Senges comme attestation que comme potentialités romanesques.

In this article, Bruno Blanckeman resituates the work of Pierre Senges in the currents of erudition in the twentieth century. He shows in particular that the explicit and voluntarily melancholic erudition of Pascal Quignard and Pierre Michon is followed here by an ironic and playful relationship with knowledge. Erudition functions in the work of Pierre Senges less as a confirmation than as fictional possibility.

DANS LA MÊME SÉRIE

12. *Le Roman contemporain de la famille*, sous la direction de Sylviane COYAULT, Christine JÉRUSALEM, et Gaspard TURIN, 2016
14. *Olivia Rosenthal. Le dispositif, le monde et l'intime*, sous la direction de Laurent DEMANZE et Fabrien GRIS, à paraître

Achevé d'imprimer par Corlet Numéric,
Z.A. Charles Tellier, Condé-en-Normandie (Calvados), en décembre 2018
N° d'impression : 153606 – Dépôt légal : décembre 2018
Imprimé en France

Bulletin d'abonnement revues 2018

Titre	Nombre de parutions par an	Prix TTC abonnement France, frais de port inclus		Prix HT abonnement étranger, frais de port inclus	
		Particulier	Institution	Particulier	Institution
Ædificare Revue internationale d'histoire de la construction	2	49 €	80 €	56 €	87 €
Alkemie	2	52 €	69 €	62 €	79 €
Bulletin de l'Association des amis d'Alfred de Vigny	1	Vente au numéro : 35 €			
Bulletin de la Société internationale des amis de Montaigne	2	Vente au numéro : 27 €			
Bulletin de la Société Paul Claudel	3	Vente au numéro : 25 €			
Cahiers Alexandre Dumas	1	Vente au numéro : 39 €	49 €	Vente au numéro : 39 €	58 €
Cahiers de lexicologie	2	80 €	90 €	89 €	96 €
Cahiers de lexicologie et Neologica jumelés	3	94 €	99 €	98 €	104 €
Cahiers de littérature française	1	29 €	37 €	34 €	41 €
Cahiers de Recherches Médiévales et Humanistes	2	48 €	92 €	55 €	100 €
Cahiers d'études nodiéristes	2	48 €	92 €	55 €	100 €
Cahiers Francis Ponge	1	29 €	37 €	38 €	44 €
Cahiers Jean Giraudoux	1	Vente au numéro : 34 €			
Cahiers Louis Dumur	1	39 €	49 €	48 €	57 €
Cahiers Mérimée	1	Vente au numéro : 32 €			
Cahiers Tristan Corbière	1	35 €	45 €	44 €	53 €
Cahiers Tristan L'Hermite	1	Vente au numéro : 30 €			
Cahiers Valery Larbaud	1	Vente au numéro : 35 €			
Constellation Cendrars	1	Vente au numéro : 26 €			
Des mots aux actes	1	35 €	44 €	45 €	53 €
Économies, gestion et sociétés (comprend : Revue d'histoire de la pensée économique, Socio-économie du travail, Systèmes alimentaires, European Review of Service Economics and Management, Entreprise & Société)	9	270 €	360 €	295 €	414 €
Écrans	2	41 €	50 €	49 €	58 €
ElFe XX-XXI Études de littérature de langue française des XXe et XXIe siècles	1	Vente au numéro : 32 €			
Encomia	1	Vente au numéro : 69 €	85 €	Vente au numéro : 69 €	95 €
Entreprise & Société	2	78 €	98 €	90 €	106 €
Éthique, politique, religions	2	51 €	51 €	59 €	59 €
Études digitales	2	54 €	68 €	63 €	74 €
Études sartriennes	1	22 €	30 €	29 €	37 €
Études Stéphane Mallarmé	1	29 €	37 €	38 €	44 €
European Drama and Performance Studies	2	69 €	83 €	69 €	87 €

mis à jour le 18/08/2018

Titre	Nombre de parutions par an	Prix TTC abonnement France, frais de port inclus		Prix HT abonnement étranger, frais de port inclus	
		Particulier	Institution	Particulier	Institution
European Review of Service Economics and Management / Revue Européenne d'Économie et Management des Services	2	78 €	98 €	90 €	106 €
L'Amitié guérinienne	1	Vente au numéro : 25 €			
L'Année rabelaisienne	1	39 €	49 €	46 €	56 €
La Lettre clandestine	1	29 €	46 €	36 €	53 €
La Revue des lettres modernes (séries : André Malraux n° 14, Julien Gracq n° 8, Jean Giono n° 10, Jean Cocteau n° 8, Joris-Karl Huysmans n° 6, Samuel Beckett n° 6)	6	118 €	180 €	148 €	224 €
Les Cahiers du dictionnaire	1	35 €	44 €	45 €	53€
Libertinage et philosophie à l'époque classique (XVIe-XVIIIe siècle)	1	35 €	45 €	44 €	53 €
LiCarC Littérature et Culture arabes Contemporaines	1	29 €	37 €	36 €	43 €
Neologica	1	42 €	53 €	51 €	63 €
Parade sauvage	1	29 €	37 €	38 €	44 €
Revue Balzac	1	28 €	37 €	36 €	43 €
Revue Bertrand	1	35 €	45 €	44 €	53 €
Revue Bossuet	1	Vente au numéro : 29 €			
Revue des études dantesques	1	22 €	31 €	30 €	38 €
Revue d'études proustiennes	2	55 €	69 €	64 €	75 €
Revue d'histoire de la pensée économique	2	78 €	98 €	90 €	106 €
Revue d'histoire littéraire de la France	4 + biblio.	77 €	113 €	99 €	142 €
Revue européenne de recherches sur la poésie	1	35 €	44 €	45 €	53 €
Revue Nerval	1	35 €	44 €	45 €	53 €
Revue Verlaine	1	29 €	37 €	38 €	44 €
Romanesques	2	42 €	58 €	55 €	67 €
Socio-économie du travail	2	78 €	98 €	90 €	106 €
Systèmes alimentaires	1	39 €	49 €	45 €	58 €

mis à jour le 18/08/2018

Ces abonnements concernent les parutions papier du 1er janvier 2018 au 31 décembre 2018. Les abonnés passant commande en cours d'année recevront les numéros déjà parus. Pour toute demande d'abonnement hors de ces dates, veuillez écrire à librairie@classiques-garnier.com.

M., Mme, Mlle : ....

Adresse : ....

Code postal : .... Ville : .... Pays : ....

Téléphone : .... Fax : ....

Courriel : ....

Modalités de règlement (en euros) :

- Chèque joint à l'ordre des Classiques Garnier
- Virement
  Banque : Société Générale – BIC : SOGEFRPP
  IBAN : FR 76 3000 3018 7700 0208 3910 870
  RIB : 30003 01877 00020839108 70

À envoyer à :

Classiques Garnier
6, rue de la Sorbonne
75005 Paris – France

Fax : + 33 1 46 33 28 90

Courriel : librairie@classiques-garnier.com

COMMANDEZ EN LIGNE : www.classiques-garnier.com